Dozier
ドージャー

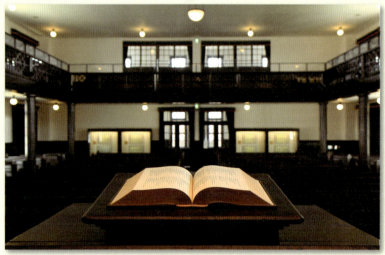

西南学院の創立者
C.K.ドージャー夫妻の生涯
The Life of Charles Kelsey Dozier & Maude Burke Dozier.

発刊に寄せて

西南学院理事長・院長
100周年事業企画運営委員会委員長
G.W. バークレー

　西南学院創立100周年にあたり、創立者C.K.ドージャーの生涯をご紹介し、学内外の多くの方々に創立者自身と初期の西南学院の歴史を幅広く知っていただくために、『Dozier ── 西南学院の創立者C.K.ドージャー夫妻の生涯』を発刊することができ、大変嬉しく思います。

　2016年5月14日の創立100周年記念式典と祝賀会を迎え、西南学院は次の100年の歩みの始まりに立っています。創立の原点に立ち返り、創立者ドージャー夫妻をはじめ、当時の方々が何を目指されたか、どのような理念で学院を創設したか等について学び、再確認・再理解した上で「キリストに忠実なれ」という建学の精神を保ちつつ、次世代、次々世代の園児、児童、生徒、学生の教育のために邁進したいと思います。

　そして、福岡、九州、日本と世界の将来のために、多くの卒業生と西南学院の関係者にも学院の歴史を理解していただき、ご支援とご協力をお願いする次第です。西南ファミリーの一人ひとりの力を合わせて、学院が愛と正義を持って多方面で貢献できるよう、お祈りいたします。

　この本は、『SEINAN SPIRIT ── C.K.ドージャー夫妻の生涯』（1996年5月1日、西南学院）と『日本のC.K.ドージャー ── 西南の創立者』（2002年4月20日、M.B.ドージャー著、元中学校・高等学校教諭・瀬戸毅義訳）を再編集し改訂を行ったものです。前者は、発行当時の院長のL.K.シィート氏と前院長の田中輝雄氏をはじめ、村上寅次氏と責任編集者の高松千博氏にご協力いただいたものです。後者は、M.B.ドージャー氏

と翻訳した瀬戸毅義氏のご尽力によるものです。両冊子に携わられた皆様と、今回の発刊の責任編集を担われた百年史編纂委員会の皆様に御礼を申し上げたいと思います。

　この本を手にする皆様が、ドージャー先生の遺徳を偲びつつも、建学の精神が示すものは何か、学院の目的と使命は何かを改めて考え、十分に理解する必要があります。次の100年に向けた歩みを始めるにあたり、私たちは、創立者C.K.ドージャー先生の想いを胸に、西南学院の使命達成のために、互いに努力し、歩み続けなければなりません。それが、学院を創立してくださったC.K.ドージャー先生への恩返しになるのではないでしょうか。

▶かつて干隈キャンパスにあった修養会館「山の家」(1952−82年)の暖炉。木枠に創立者の遺訓が刻まれている。この木枠は現在西南学院小学校正面玄関に設置されている

一粒の麦

地に落ちて死なずば、

唯一つにて在らん。

もし死なば、

多くの果を結ぶべし。

（ヨハネ福音書　第12章24節）

ドージャー一家。左から長男エドウィン・バーク、チャールズ・ケルシィ、長女ヘレン・アデリア、妻モード・バーク（1913〔大正2〕年）

◀サザン・バプテスト神学校の同期生と、戸山ケ原（現東京都新宿区戸山）にて（1913年頃）。左から、高橋楯雄（西南学院神学科教授）、ケルシィ、J. H. ロウ（西南学院初代理事長・西南女学院創立者）、G. W. ボールデン（西南学院第3代院長）

▶院長に就任したケルシィ（前列中央）と当時の教職員。後列左端J. H. ロウ、同右端、水町義夫（1917〔大正6〕年4月）

創立当時の在校生および教職員。中央、ケルシィ、その右、初代院長・條猪之彦（1916〔大正5〕年4月17日）

中学部第1回卒業記念（1921〔大正10〕年3月）

院長宅でのくつろぎのひと時。左から、モード、長男エドウィン、ケルシィ、長女ヘレン、モードの母アデリア・バーク（1922〔大正11〕年）

居間で読書するケルシィ。モードの最も印象に残った写真（1925〔大正14〕年）

◀1934（昭和9）年頃学院作成の絵ハガキ。右はケルシィ、左は第4代院長・水町義夫。学院校歌は、ドージャーの依頼によって水町義夫が作詞した。背景写真は百道海岸

▲高等学部文科・神学科の教員と学生。写真前列中央ケルシィ、その左からミス・ベーカー、ミス・コンラッド、モード（1927〔昭和2〕年頃）

◀1928（昭和3）年5月に創立12周年を記念して行われた運動会で、佐々木中学部長と応援するケルシィ

夫婦仲よく。モードのサインが美しい（1930〔昭和5〕年）

▶小倉市（現北九州市小倉）でのドージャー一家。ケルシィが亡くなる半年前（1932〔昭和7〕年12月）の写真。右端は長男エドウィンの妻メアリー・エレン・ドージャー

◀「西南の森」に埋葬されるケルシィの棺（1933〔昭和8〕年6月2日）

◀ 行間に愛と苦悩がにじむ1928（昭和3）年のケルシィの日記

▶ ケルシィが愛用した和文と英文の聖書

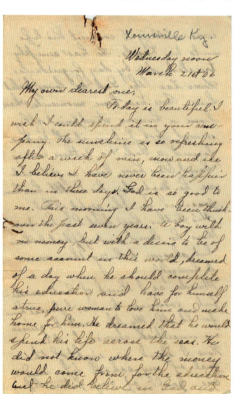

ケルシィがモードに宛てた手紙
（1906〔明治39〕年3月21日付）

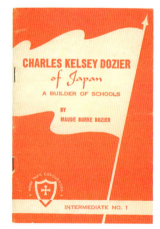

モードによるケルシィの伝記
"Charles Kelsey Dozier of Japan.
A Builder of Schools."（アメリカのBroadman Pressより、1953〔昭和28〕年刊行）

現在、「西南の森」に並ぶドージャー親子の墓碑。右側がケルシィと妻モード、左側が長男エドウィンとその妻メアリーの墓碑。ケルシィの墓碑には「BE TRUE TO CHRIST　イエス言い給う『我は復活なり生命なり　我を信ずる者は死ぬとも生きん』」と刻まれている

▶毎年5月末のドージャー記念日には、今でも西南学院からの有志が墓参している。「西南の森」は、1974（昭和49）年7月、西南女学院短期大学の中島茂学長が女学院構内（北九州市小倉北区井堀）にあるC.K.ドージャー夫妻、J.H.ロウなどの共同墓地の整備を提唱し、同年9月に完了した。この墓地には上記のほかE.B.ドージャー夫妻、W.M.ギャロット夫妻など西南関係者が埋葬されている

◀西南学院宣教師記念碑。学院に奉職した宣教師の功績をたたえ、2008（平成20）年に大学博物館の西側に建てられた。ドージャー一家のケルシィをはじめ、モード、長男エドウィン、エドウィンの妻メアリーを含め、79人の名前が刻まれている

1970年代の西新・百道地区

大学博物館。学院に残る最も古い1921（大正10）年の
建物で、2006（平成18）年にリニューアルされた

大学のレストランやレセプションホールなどを備えた西南クロスプラザ（2004〔平成16〕年9月完成）

大学の知的資源を生かしながら地域社会との連携を深めようと設置された西南コミュニティーセンター（2007〔平成19〕年3月完成）

2008（平成20）年4月にリニューアルした大学チャペルは、学生たちの心の拠りどころ

チャペル内部

▶「語学の西南」をになう言語教育センター（2012〔平成24〕年完成）

Dozier
西南学院の創立者 C.K.ドージャー夫妻の生涯

目　次

発刊に寄せて　　西南学院理事長・院長
　　　　　　　　100周年事業企画運営委員会委員長　G.W. バークレー　2

I　チャールズ・ケルシィ・ドージャーの生涯

- *1*　家系と少年時代 …………………………………………… 18
- *2*　マーサー大学時代 ………………………………………… 22
- *3*　サザン・バプテスト神学校時代、モード・バークとの出会い … 24
- *4*　日本への宣教の船出 ……………………………………… 25
- *5*　当時の福岡とケルシィ …………………………………… 29
- *6*　福岡バプテスト神学校・福岡バプテスト夜学校時代 …… 32
- *7*　福岡を中心とした九州の教育界 ………………………… 37
- *8*　西南学院の創設 …………………………………………… 38
- *9*　高等学部開設時代 ………………………………………… 47
- *10*　西南学院バプテスト教会の設立とケルシィ …………… 57
- *11*　「日曜日問題」と院長の辞任 …………………………… 60
- *12*　北九州における伝道とケルシィの死 …………………… 68
- *13*　ケルシィの人柄　思い出の記から ……………………… 76
- *14*　チャールズ・ケルシィの遺文 …………………………… 81

II　モード・バーク・ドージャーの生涯

- *1*　サザン・バプテスト神学校時代、
　　チャールズ・ケルシィ・ドージャーとの出会い ………… 106

2	来日後の活動	…………………………………………	109
3	モード・バークと西南保姆学院	…………………………	112
4	ハワイでの日本人、日系人への奉仕	…………………	122
5	戦後、再び福岡へ	………………………………………	123
6	モード・バークの人柄	…………………………………	127
7	モード・バークの遺文	…………………………………	130

Ⅲ　日本のC.K.ドージャー

西南学院の創立者 ……………………………………………… 135

モード・バーク・ドージャー 著

瀬戸毅義 訳

Ⅳ　資　料

思い出の記 …………………………………………………… 182

父を語る	E.B.ドージャー	182
思い出を語る	杉本勝次	184
真実一路　十字架の道を歩んだ人	三善敏夫	185
信仰と実践　爆笑と涙の人	吉原　勝	187
創立の精神に立ち返れ	坂本重武	188
故ドージャー先生を仰ぎ見て	佐々木賢治	190
C.K.ドージャー先生の人格	河野博範	192
思い出のドージャー先生	堀　岩平	194

ドージャー夫妻関係年譜 ………………………………………… 197

『SEINAN SPIRIT──C.K.ドージャー夫妻の生涯』より資料 ………… 202

編集後記　　　　西南学院百年史編纂委員会委員長　金丸英子　204

「西南学院発祥の地」の記念碑。福岡市中央区赤坂1丁目の読売新聞西部本社の敷地内に、2004（平成16）年3月に建てられた

I
チャールズ・ケルシィ・ドージャーの生涯

1 家系と少年時代

母親からの教育

　ドージャーの家系は、曾祖父母の時、フランスからの宗教迫害を逃れてアメリカへ移住したユグノー（Huguenot、フランスのカルヴァン派プロテスタントの総称）であった。彼らが最初に住んだのは、サウスカロライナ州のチャールストンに近い開拓農場であったと言われる。その後ジョージア州の小都市ラ・グランジュに移った。チャールズ・ケルシィ・ドージャー（Charles Kelsey Dozier）は、その地で、1879（明治12）年1月1日、父J.H.ドージャー（Joel Henry Dozier）と母E.ノラ（Ella Nora）の3番目の男子として生まれた。長兄はエドウィン（Edwin）、次兄はバルトン（Balton）と呼んだが、この3番目の男の子には彼らの伯父CharlesとKelseyの二人の名を合わせてつけられた。

　1881（明治14）年、一家は同州のゲインズヴィルへ移り、そこで金物店を営んだ。父は長老教会に属していたが、母はゲインズヴィルの第一バプテスト教会に出席していた。

　ケルシィは小学校には入学せず、12歳まで母の手によって基礎教育と宗教教育とを授けられた。「私の幼年時代の学習は母の膝の上

父、J.H.ドージャー

母、E.N.ドージャー

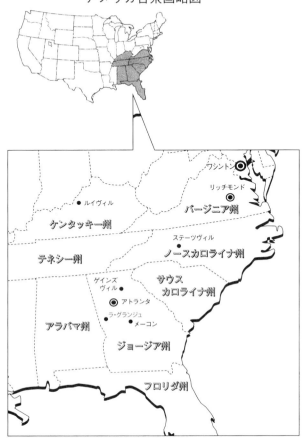

ケルシィが生まれたジョージア州ラ・グランジュのドージャー家（1906年当時）

ゲインズヴィルのドージャー家

I　チャールズ・ケルシィ・ドージャーの生涯

◀ドージャー家の3人の兄弟たち。左から、ケルシィ、エドウィン、バルトン

でなされた。母は私に神さまのこと、救い主キリストのことを教えてくれた」（1906〔明治39〕年12月25日の日記）。

　もちろんこの間、家庭生活と並んで教会生活が少年の宗教的・道徳的な成長を助けた。そうした中で、第一バプテスト教会の牧師マッコーネル（F. C. McConnell）博士は、彼の信仰と教育に多大の感化を与えた。ケルシィは1892（明治25）年の4月、13歳の時に、その心を主なる神に委ねる信仰告白をし、バプテスマ（クリスチャンになるための儀式＝浸礼）を受けて教会の一員となった。

伝道者を志す

　彼は、この年から公立学校に入学し、正規の学校生活を送ることになり、1897（明治30）年、18歳まで在学した。彼は誠実で明るい性格で、大きくてがっちりした体格をしていた。そして、労働をして家計を助けながら、次第に神が自分を福音宣教の任に導いておられることを確信するようになった。

　しかしその頃、ドージャー一家は不幸な経済的危機に襲われた。それは、父の経営していた金物店が共同経営者の不正によって倒産したばかりでな

く、精神的打撃のため父が健康を害してしまったからである。

　長兄エドウィンは高等学校を首席で卒業したところだったが、進学を断念し、雑貨屋で働き家計を助けることになった。彼は、弟ケルシィの伝道者として立ちたいとの希望を実現させるために、ケルシィの大学進学を助けようと考えた。また、彼らの叔母の「ホイットフィールドおばさん」("Auntie" Whitfield) も、甥のケルシィの志を喜んで援助を申し出てくれた。しかし、ケルシィ自身は、その費用の全部を兄や親戚の好意に依存することを望まなかったので、生活費を稼ぐためジョージア州北東部の田舎に開校されていた短期学校の教師となった。

ケルシィがバプテスマと按手礼を受けたゲインズヴィルの当時の第一バプテスト教会

　彼は、村人の家庭に寄宿して教師としての仕事に当たった。それはケルシィにとって楽しい日々であった。そこで彼は教え子たちから非常に慕われ、敬愛された。その時、彼がどれほど生徒たちに愛され、尊敬されたかを裏づける話として、その教え子の何人かは後にその息子にケルシィ・ドージャーの名をつけたという記録が残っている。

I　チャールズ・ケルシィ・ドージャーの生涯　｜　21

2　マーサー大学時代

学費捻出の苦労

　1899（明治32）年8月20日、ケルシィは説教者の資格を与えられ、講壇に立って最初の礼拝説教をした。20歳であった。

　2年間の短期学校の教師生活を経て、経済的にも大学入学のめどが立ったケルシィは、その年の秋、ついに伝道者となる第一段階としてジョージア州メーコン市にあるバプテスト派のマーサー大学（Mercer University）に入学した。

　マーサー大学は、1833（天保4）年、ジェシー・マーサー（Jesse Mercer, 1769–1841年）牧師によって伝道者養成のため設立された神学校であったが、ジョージア州のバプテスト連盟の援助を受けて規模を拡大し、神学とあわせて古典教養をも教えることになり、1837（天保8）年には総合大学としての認可を受けた。その後、着実に発展し、多くの伝道者を育成して、その

◀マーサー大学時代のケルシィ（右から2番目）、大学内の寄宿舎にて（1903〔明治36〕年）

▶マーサー大学時代、友人とラ・グランジュの生家を訪ねる（右端がケルシィ。1903年）

役割を果たしてきたアメリカ南部地方有数のバプテスト派の名門校である。将来伝道者として立とうという志を持つケルシィがこの大学に入学したのは、きわめて自然の成り行きであったと言うべきであろう。

　マーサー大学があるメーコン市は、ジョージア州のほぼ中央に位置する小都市で、作家そして詩人として著名なシドニー・レーニア（Sidney Lanier, 1842－81年）の出身地として知られる。その関係でケルシィは、マーサー大学在学中にこの詩人の作品にふれ、大いに影響を受けた。

　マーサー大学時代、彼は勉学に励むかたわら、夏休みの間は雑貨屋の事務を手伝ったり、学校で教えたりして少しでも学費を捻出するために働いた。彼は、誠実で明るい社交的な青年であったので、職場でも好感を持たれた。こうして、ケルシィは多忙ではあったが楽しく充実した４年間の学生生活を過ごした。そして、1903（明治36）年の５月、マーサー大学を卒業し、文学士の学位を得た。しかし、ケルシィにとっては、次に果たすべき重大な課題があった。言うまでもなく、伝道者となるためさらに専門の神学校（神学大学）へ進学することであり、それはまたゲインズヴィルにあって末弟のために働く長兄エドウィンの期待でもあった。すなわち、ケンタッキー州ルイヴィル（Louisville）にあるサザン・バプテスト神学校（Southern Baptist Theological Seminary）への入学である。

3 サザン・バプテスト神学校時代、モード・バークとの出会い

　1903（明治36）年5月、ケルシィはマーサー大学を卒業後、秋にはサザン・バプテスト神学校に入学した。入学後数日してから、ケルシィは友人の家で、やがて彼の将来の伴侶となるモード・アデリア・バーク（Maude Adelia Burke）と出会うことになる。

　彼女は、1881（明治14）年9月18日、ノースカロライナ州ステーツヴィルで生まれ、1903年に同州ラレイの女子バプテスト大学を卒業して、同年サザン・バプテスト神学校に附設されていた Training School（女子部）に学ぶことになった。彼女は以前から聖書研究会のリーダー、YWCAの会長として活躍しており、やがて外国伝道への献身に導かれることになったのである。

　他方、ケルシィは、1904（明治37）年、ゲインズヴィルの第一バプテスト教会で伝道者としての按手礼（あんしゅれい）を受け、その夏休みにはアラバマ州のクレイトンで、翌年の夏休みにはインディアナ州のカンペルズバークの教会で臨時応援牧師としての任務についた。新学年が始まると神学校に帰り、外国伝道に熱い志を燃やしながら勉学を続けた。そして、1906（明治39）年、いよいよ神学校卒業の時を迎えることになった。

◀サザン・バプテスト神学校の卒業記念。2列目右から3番目がケルシィ（1906年）

4 日本への宣教の船出

C. T. ウィリングハムとの出会い

　当初、ケルシィは日本ではなく、南米伝道に召命を感じていた。その理由の一つに、言語習得の問題があった。神学校でヘブライ語やギリシア語を学ぶことはそれほど困難を感じなかったが、東洋への伝道を考える場合、日常生活で東洋語を用いなければならず、そのことは彼にとって不可能と思われるほどの障害に見えた。それよりも、スペイン語の習得の方がまだ見込みがあったからである。一方、モードは、かねてから中国伝道に従事したいと考えていた。しかし、それが現実になった時、彼らが行くことになったのは、南米でも中国でもなかった。

　1905（明治38）年、ノースカロライナ州アシュヴィルで学生の海外ボランティア宣教師を募る大会が開かれた。そこに、当時日本から休暇で帰米していたJ. W. マッコーラム（John William McCollum, 1864–1910年）とC. T. ウィリングハム（Calder Truehart Willingham, 1879–1918年）が出席し、日本伝道への新しい参加者を求めた。ウィリングハムは志願者として参加していたケルシィをとらえて、「日本伝道の宣教師になれ」と勧めてやまなかった。彼のあまりの真剣さに押されて、ケルシィは祈りつつ真面目に考えることを約束して別れた。

　ケルシィは、後に当時のウィリングハムの思い出を次のように記している。

C. T. ウィリングハム夫妻

私が始めて同氏と面会したのは1902年の事である。当時私は、マーサー大学の二年生であったが、同氏は我等の母校の卒業式に参列されたのである。そして日本行きの宣教師として我らに紹介せられたのであるが、当時私は、日本でなく、ブラジルの宣教師になりたいと云う希望を抱いて居た。二回目に同氏に逢ったのは、北カロライナのアシュヴィルに於てであった。その頃アシュヴィルで、学生宣教団の大会が開かれて居たのであるが、同氏は余を捕えて、朝の二時までも、日本の宣教師になれと云って、すすめてやまなかったのである。余は祈りつつ真面目に考えましょうと云って別れたのであるが、同氏の人に迫る恐ろしき程の真剣さは今でもはっきり思い出す事が出来る。

（『日本バプテスト連盟史（1889–1959）』1959〔昭和34〕年、200頁）

日本伝道を決意

　1906（明治39）年、テネシー州ナシュヴィルで開かれた学生国際宣教大会には、婚約者となっていたモードも一緒に出席していた。C. T. ウィリングハムは、二人を前にして再度日本行きを勧めてやまなかったので、ついに二人は日本行きを決意するにいたった。ケルシィは、日本行きを決意するまでの心の葛藤を南部バプテスト連盟外国伝道局（ミッション・ボード）総主事R. J. ウィリングハム（Robert Josiah Willingham, 1854–1914年, C. T. ウィリングハムの父）に宛てた手紙に次のように書いている。

　これほどの葛藤に悩まされながら手紙を書いたことはありません。この仕事は自分の手に余ることだろうという思いを打ち消すことができずにいるのです。それでいて一方では、救い主の愛をまだ知らずにいる人々のために、私が一生をかけて働くことを神が望んでおられるのだという確信にも似た深い思いを抱いていることも事実です。

同年、ケルシィはバージニア州リッチモンドにあるミッション・ボードの試験に合格、4月14日に日本伝道の宣教師に任命された。R. J. ウィリングハムは、ケルシィの両手をとって "God bless you, God bless you, God bless you！" と何度も祝福したという。

　彼は、少年の時からの願いが今、達成されたことを感じた。彼の生涯は奉仕の祭壇に献げられたのであった。ケルシィ27歳、モード24歳であった。極東の小さな島国でありながら、軍事大国ロシアとの戦いに勝ちをおさめた日本が世界の注目を浴びているさなかであった。

　　私たち〔夫妻〕は、日本伝道のために派遣されることになった。このことが確定した瞬間は、おそらく私の生涯でいろいろな点において最も幸福な瞬間であった。私は、昨晩——いまだかつて、こんなことはなかったのだが——神の御用に当たるためには、できるだけ長生きをしなければならないという気がした。
　（1906年4月4日付、ドージャーの日記）

モード・バークとの結婚、そして日本へ

　1906年5月に神学校を卒業したケルシィは、6月6日、モードと結婚。質素な結婚式であったが、二人の心は幸福感と充実感に満ちあふれていた。日本伝道への最終的な準備は整った。ケルシィは、新婚の妻で生涯彼を支えたモードを伴い、故郷のジョージアから日本を目指すことになった。

1906年6月6日、ステーツヴィルにてケルシィとモード・バークが結婚

◀ドージャー夫妻たち3組の宣教師が初来日した際に乗船したコリア(日本船籍になってから「コレア号」)の絵葉書

9月4日、日本に向けて出帆した汽船コリア(S.S. Korea)には、ドージャー夫妻のほかに、J. H. ロウ(John Hansford Rowe, 1876-1929年)夫妻、G. W. ボールデン(George Washington Bouldin, 1881-1967年)夫妻が乗船していた。3人はサザン・バプテスト神学校の同期生であり、ほとんど同じ頃に結婚していた。9月27日、長崎着。陸路と船旅をあわせ、1カ月余りの長旅であった。先輩の宣教師たちに迎えられた3家族は、10月に福岡市大名町96番地(現在の中央区赤坂1丁目付近)の宣教師館にひとまず落ち着いた。

ドージャー、ボールデン、ロウの3家族が一緒に住んだ
宣教師館(福岡市大名町96番地、1906〔明治39〕年10月)

5　当時の福岡とケルシィ

キリスト教への偏見

　ケルシィらが来日したのは、南部バプテストの日本宣教開始から、まだ17年目のことであった。

　当時の福岡は、電車はもちろん自動車もほとんどなく、人力車全盛の時代であった。寺や神社が多く、庶民の間にはキリスト教への偏見が強く残っていた。そういう土地での開拓伝道は、言葉や生活習慣の違いも相まって想像を絶するほど困難なものであり、宣教師の中には、挫折して帰国する者もいた。しかし、ケルシィは、持ち前の気取りのない人柄もあって、「話のわかる耶蘇のお坊さん」として市民に歓迎された。ケルシィが町を歩いていると、外国人という珍しさもあって、子供たちが「C.K.ドージャー」をもじって「シリケツ・ドージャー、シリケツ・ドージャー」と言って、まとわりついたという。

日本の風俗・習慣へのとまどい

　ドージャー夫妻は、異国日本の風俗・習慣や言葉を熱心に学んだ。そして二人は、一日も早く日本の風土や人々に溶け込もうと努めた。残されたいくつかのエピソードから、ケルシィのそうした行動をうかがい知ることができる。

　　私が初めてドージャー先生を知ったのは明治41年（1908）で、（中略）

ちょうど、日本バプテスト組合総会が東京において開かれ、先生は当
時の西南部会から出席され、神田のある旅館で同宿したのが最初で
あった。その時同氏はボールデン先生と同行で、まだあまり上手では
なかったけれど、日本語で、元気よく、誰彼の区別なくあいさつをし
ておられた。来朝以来まだ二年だというのに、大いに日本式を発揮し、
宿の浴衣をツンツルテンに着込み、僕らと一緒に入浴もし、あぐらも
かき、うまいうまいといいながら日本食をパクついていた。恐ろしい
元気のよい西洋人だと感心したことを覚えている。（中略）今まで私が
かなり親密に接触してきた宣教師は30人もあるであろうが、多くはお
上品で、私共とひざを交えてア、ンと談笑するような方はなかったが、
ドージヤー先生は型破りとでもいうべきか、誠に気の置けない、何事
もザックバランに話す人で、チットも邪気がなく、朗らかな人であっ
た。それに、先生は日本語をよく語り、日本人を理解し、日本人から
愛された人であった。

（小野兵衛・高等学部教授『ドージヤー院長の面影』1934〔昭和9〕年、84－85頁）

　日本の「宴会」にも困惑した。宴会の席で酔った日本人から酒を無理強
いされることもあったが、そんな時もケルシィは、さかずきに手を触れる
こともなく、苦痛の中にも円満に、上手に、しかもユーモアをもって酒を
辞退していたことが『ドージヤー院長の面影』（114頁）に出ている。また、
市内の女学校の音楽会で閉会の万歳三唱の発声の音頭をとり、「私は今日
始めて本当の日本人になりました」と嬉々として話したケルシィのことを
後に杉本勝次（西南学院中学部・高等学部教授、後に西南学院第7代理事長、公選
初代福岡県知事）が書き残している（西南学院大学宗教部週報『使者』Vol. V No.
4、1978〔昭和53〕年5月1日）。
　その他にも、博多の祭りの代表とも言うべき「博多山笠」を櫛田神社境
内の桟敷席から見物しながら盛んに喝采を送っていたケルシィのことも、
当時の生徒の追想に記されている（『ドージヤー院長の面影』139頁）。

和服姿の宣教師たち。左から、ドージャー、ボールデン、ロウの各夫妻（1906〔明治39〕年11月）

　しかし、そうは言うものの、当時の日本の、しかも九州の福岡という地方における開拓伝道がどれほどの困難を伴うものであったかは、想像するに難くない。特に、写真に見る妻モードは、来日前のあのふっくらとした頬はそげ落ち、日本での苦労が偲ばれる。そうした中で、二人が挫折することなく、前進することができたのは、日本の人々に神の恵みを伝えたいという熱意と揺らぐことのない信仰心以外の何ものでもなかった。

6 福岡バプテスト神学校・
福岡バプテスト夜学校時代

　南部バプテストの九州伝道は、1892（明治25）年、宣教師 J. A. ブランソン（Jack Alexander Brunson, 1862－1943年）と J. W. マッコーラムによって始められたが、その後10年のうちに、福岡・熊本・長崎などの都市に教会を設立することができた。それとともに、日本人の伝道者を養成する必要が強く感じられるようになり、在日の宣教師たちからミッション・ボードにその要請がなされた。1907（明治40）年10月17日、福岡市大名町96番地の宣教師館にて、福岡バプテスト神学校の開設を見るにいたった。しかし、それはまだ小規模な塾のような組織で、正規の校舎もなかった。新任のケルシィは、そこでギリシア語と新約聖書を担当することになったが、2カ月

福岡バプテスト神学校開校記念。西公園の石段にて（1907年10月17日）

後には佐世保の伝道を応援することになり、その地に移った。翌1908（明治41）年4月16日には、長男エドウィンが生まれた。ケルシィは、伝道者として立ちたいという彼の願いを達成するために、自らの大学進学を断念して学費の手助けをしてくれた尊敬する長兄の名を取り、エドウィン（Edwin）と名づけた。その出産は、当時外国人の専門医がいた長崎出島の聖公会の神学校でなされた。11月には佐世保から下関に移ったが、翌1909（明治42）年には再び福岡市に帰った。

長男エドウィンを背にしたドージャー。下関にて、1908年頃

一方、福岡バプテスト神学校はその前年、大名町105番地に新しい校舎を建てた。「在日本サヲゾルン、バプチスト宣教師社団」（宣教師社団）は、このため、それまで居住していた大名町96番地の土地と宣教師館、さらに警固の土地を売却して、その費用を補

1908年、福岡バプテスト神学校。福岡城の濠を前にして。
後に西南学院創立時（1916〔大正5〕年）の校舎となる

充した。

しかし残念ながら、この神学校は短命に終わった。それは当時東日本に伝道していたアメリカ北部バプテストの経営する横浜神学校と合併する計画が立ち上がり、1910（明治43）年10月、東京に日本バプテスト神学校が設立され、これに合同されるにいたったからである。この間、福岡バプテスト神学校は3人の第1回生を出しただけであった。しかし、この神学校は、日本バプテスト連盟の歴史の中に大きな足跡を残すことになったのである。

福岡に男子の学校を

このような動きの中で宣教師社団は、今一度福岡に伝道者養成機関を持ちたいとの希望を持ち、1910（明治43）年1月1日に長崎で会議を開き、「福岡に男子の学校を設けること」をミッション・ボードに要請した。しかし、4月1日に、ボードから不承認の返事とあわせて、総主事R. J. ウィリングハムから宣教師社団の書記であったケルシィに対して、将来計画として可能性があることを示唆してきた。彼は、早速その翌日、R. J. ウィリングハムに対して次のような書簡を送り、クリスチャン・スクールの必要性を訴えた。

　　私たちは、学校の設立によって、主の御業（みわざ）が、より速く、そして、一層うまく進展するだろうと信じています。開設には多額の経費が必要となるでしょうが、私たちはすばらしい仕事に従事することになるのです。私たちは、クリスチャン・スクールの重要性を強く主張します。貴信によれば、財政上の負担が大きいからという理由で、福岡に中学校を開設することは最善でないと言われるのでしょうか。私たちは、日本におけるこうした学校の必要性を痛感しています。（中略）

　　私たちは、大名町105番地に、1年後に開設するとすれば、すぐに間

に合う建物を持っており、それを売ってより大きな恒久的な場所を得るための財源にすることができます。

九州在住宣教師たちは、将来に希望をつないで活動を始めた。1910年6月10日には、長女ヘレン（Helen）が生まれた。

ケルシィ、夜学校の校長に

1911（明治44）年2月1日、福岡バプテスト神学校移転後の大名町の校舎を利用して、夜学校である福岡バプテスト夜学校（Fukuoka Baptist Night School）が開設され、ケルシィが校長となった。生徒数は当初66人。3クラスの編成で、他の宣教師も協力した。この夜学校は福岡市民に歓迎され、生徒数は、その年のうちに120人に倍増した。授業の他に、毎晩、チャペルで礼拝がもたれたことは言うまでもない。しかし、宣教師社団はそうした夜学校に満足せず、同月20日に、福岡市にキリスト教学校を設立すること

▶福岡バプテスト夜学校の教師たち。校舎玄関前にて（1911年）

福岡バプテスト夜学校の教師と生徒（1911〔明治44〕年頃）

福岡バプテスト夜学校校長時代のケルシィとモード（1912〔明治45〕年）

を改めてミッション・ボードに進言した。4月にはケルシィは宣教師社団の書記として、九州の諸教会の連合（西南部会）の支持のもとに、再び学校設立の承認と援助をボードに訴えた。1912（明治45）年7月、ドージャー夫妻は、休暇を得て帰米。ケルシィは、日本における宣教師社団の要請によって、母校であるサザン・バプテスト神学校において、学校経営についての準備・研究をすることになった。

7 福岡を中心とした九州の教育界

　九州におけるプロテスタントによるキリスト教学校の開設は、長崎が最も早く、米国メソジスト監督教会が1879（明治12）年に活水学院（女子）を、1881（明治14）年に鎮西学院（男子）を設立していた。熊本では、北米ルーテル教会が1911（明治44）年に九州学院（男子）を開校している。当時は、まだ進学率もそれほどではなく、私立中学は1県に1校が限度であった。したがって、長崎と熊本には新たに開設する余地はなく、佐賀・大分・宮崎の各県は、まだ伝道の基盤すら確立していなかった。

　福岡では、活水学院創設の功労者ジェニー・ギール（J. M. Gheer, 1846-1910年）が、1885（明治18）年に福岡英和女学校（現在の福岡女学院）を開設したが、男子中学校としては県立の修猷館があるだけで私立はなかったので、私立の男子中学校を設立する余地はあったし、地元の人々からは設立を望む強い声があった。

　また、高等教育の機関について一瞥して見ると、東京・京都に次いで九州に3番目の帝国大学を設立しようとの声が政府部内に起こったのは、1897（明治30）年頃のことであった。大学誘致をめぐって、熊本・長崎・福岡の3県が争奪戦を展開、福岡が勝ち名のりをあげ、1903（明治36）年3月24日、勅令第54号により京都帝国大学福岡医科大学として発足。九州帝国大学となったのは1911年のことで、大正初期においては九州教育界における福岡の優位はほぼ決定的なものとなっていた。

I　チャールズ・ケルシィ・ドージャーの生涯　37

8　西南学院の創設

待ちに待った知らせ

　1年間の休暇の後、ケルシィは再び日本に帰り、福岡バプテスト夜学校の校長を務めるかたわら、福岡における男子中学校開設のために奔走し、ミッション・ボードに対してもその必要性を繰り返し訴えた。1914（大正3）年に、彼は矢継ぎ早に次のような書簡をボードに送っている。

> 　福岡にはチャンスがあります。秋に私が日本に戻ってから「中学校を建ててください」という声が絶えません。「お金がないのです」と私が言うと、「アメリカにはお金があるでしょう」と彼らは答えるのです。私は「あることはありますが、なぜか日本まで届きません」と正直に言います。（3月9日）
> 　もし誰かが私を学校事業から解放してくれたら、どんなにうれしいことでしょう。私たちの将来は、若い人々の教育にかかっていると信じています。私はそのための努力をおしみませんが、私がそうした責任を負うには不適任です。私たちは、初めからその学校をキリスト教的にしようと願っています。（7月15日）

　この手紙にもあるように、学校ができた時に、その責任者（院長）には、自分とは別の人物をあてるべきであるというのがケルシィの主張であった。
　米国バプテスト外国伝道協会（北部バプテスト）では、1914年、同協会の100周年記念祭とジャドソン100年祭が行われた。南部バプテストでも1912（大正1）年からジャドソン宣教100年を記念して、3カ年計画で教会・病院

・出版・学校建築を目的とした募金運動が展開されていた。

日本における宣教師社団の強い要望に答えて、募金のうちの一部が日本の伝道・教育の2事業にも充当されることになった。こうして基金の裏づけができたことにより、1913（大正2）年8月には、日本基督教興文協会から『ジヤドソン伝』が発行され、1915（大正4）年1月6日には、ミッション・ボードから宣教師社団宛てに、「1915年4月から男子中等学校開設を許可する」との待ちに待った知らせが到着した。

多忙を極めた開設準備

男子中等学校創立委員会の第1回会合が、1915年1月13日、福岡で開かれ、準備期間の不足などもあり、学校の設立は1916（大正5）年4月に延期されることになった。1915年12月には、正式にJ.H.ロウ、J.F.レイ（J. Franklin Ray, 1872-1967年）、C.T.ウィリングハム、ケルシィ、斉藤惣一、尾崎源六の創立委員が決まった。6人の委員たちは、ほとんど毎週のように会合を重ねて開設の準備にとりかかった。

ケルシィは、学校の開設にあたって、1915年4月に京都の同志社、大阪の桃山学院、神戸の関西学院（現在は西宮）を訪ね、男子中学校開設のための調査を行い、開設の目的、計画、諸規則等を定めたが、それを日本語に翻訳するために多くの時間を費やした。一方、学校の開設にあたって、恒久的な適当な場所をどこにしたらよいかを検討した。西新の海岸近くの約8000坪の土地が電車会社（九州電燈鉄道株式会社）から購入できることがわかり、在日宣教師会議でも現在所有している大名町の不動産を売却し、西新の約8000坪のその土地に投資することが認められた。しかし、土地購入のためには、なおミッション・ボードからの多額の援助が必要であった。ケルシィは、ボード宛てに何度も手紙を出し、援助を要請したが、翌年4月の開校には間に合わなかった。学校開設を間近に控えた1916年2月7日、

ケルシィは、ボードの総主事T．B．レイ（T. Bronson Ray, 1868 - 1934年）に宛てて次のような手紙を送っている（抜粋）。

　　あなたからの手紙を数日前にいただき、大変喜んでいます。土地のためのお金が得られず、私たちも残念ですが、きっと神はこの資金を与えるよう働いてくださると信じています。私たちは最少の見積りをしていますので、もし、お願いしてある分だけでも手に入れば、私たちの方はうまくいきます。先日来、私は男子学校の開校に関して県当局と交渉を重ねています。彼らはでき得る限り親切にしてくれています。私たちの資金の調達方法、また今後の予定を説明したところ、「あなたがたを信頼しましょう」と言ってくれました。彼らは、私たちを信頼してくれているのです。彼らの信頼を裏切るわけにはいきません。もし、そのようなことになれば、それは大変な災難です。２年後には拡張するという約束で、その間、現在の場所で運営するということを許可してもらうことになっています。この約束を履行するために、1917年６月までに資金の一部を送っていただかねばなりません。その間、私たちはでき得る限り誠実に働いています。

　　私たちは、これから何年もの間、みなさんに資金援助を頼らねばなりませんが、今後学校がうまくいって運営費としてお願いする額が大幅に削減できるとの希望を持っています。今、こちらでは、1906年我々が日本に来て以来なかったほどのリバイバル（霊的復興）の気運が感じられます。

　土地購入の資金不足もさることながら、ミッション・ボードの都合により資金の送金が遅れ、このため新任教師の赴任旅費支払いのためにケルシィは金策に苦慮するなど開設資金の欠乏もあったが、準備は着々と進められた。開校を前にして、まず生徒募集が大々的に宣伝された。新聞広告、ポスター、チラシ、それに加えて小学校教師を招待して説明会を開くなど、

ケルシィにとって激務の期間でもあった。そして、最も心配されたのが、105人の募集に対してどれほどの志願者があるのかということだった。当時は官学尊重・私学卑下の風潮が強く、ことに、西南学院はミッション・スクールということもあって、ケルシィの心労は尽きなかった。しかし、結果的には、総数119人が願書を提出し、面接の結果、105人が入学を許可された（ただし、実際に入学の手続きをした者は104人だった）。

「私立西南学院」104人の生徒で開校

1916（大正5）年4月11日、「私立西南学院」は、教師9人、生徒104人で福岡市大名の地に開校したのである。

　　西南学院が1916年4月11日、105人(ママ)の生徒とともに開校しました。さいさきのよい日でした。開校式には大勢の出席者がありました。（中略）もし、あなたが同席することができたなら、お喜びになったことでしょう。私は、よいスタートがきれたことを本当に感謝しています。
　　（中略）私は、毎朝チャペルにおいて神の御言葉を、107人の生徒に語っています。また聖書研究の通常授業では、各クラス、週に1時間の割で話をしています。こんな機会を得られる牧師は多くはありません。週に6日も、キリストのために教えることのできる生徒が、後には300人にも400人にもなるのです。この学校のために祈ってください。この好

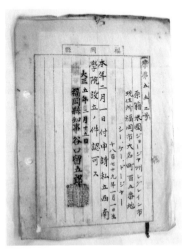

「私立西南学院」設立認可書（1916年2月15日）

I　チャールズ・ケルシィ・ドージャーの生涯　41

機は我々のものなのです。資金不足や人材不足で、この機を逃しては
ならないのです。すばらしいスタートを切り、神は私たちの努力に報
いてくださいました。ですから、ジャドソン100周年基金にお願いし
た額を寄付してくださることで私たちの成功継続の援助をしてくださ
い。(中略) あらゆることが、私どもにとって良き方向に向かっていま
す。来年建築する建屋の資金が調達されれば、未来も明るいものとな
るでしょう。

(1916〔大正 5〕年 4 月16日付、ミッション・ボード
総主事 T. B. レイ宛てのドージャーの手紙〔抜粋〕)

第 2 代院長に就任

　「西南学院」の名称は、仙台の東北学院、神戸の関西学院に対し、福岡は
西南学院とし、日本のキリスト教教育を分担するという雄大な思想をもっ
て出発したもので、ケルシィと共に来日した宣教師で、初代理事長に就任
した J. H. ロウ (後に西南女学院を創立) が提案したものである。

　院長については、「院長は日本人たるべし」というのがドージャーの持
論であり、最初、斉藤惣一が指名されたが、彼が辞退したので、その友人
の條猪之彦が 1916 年 2 月に初代院長となった。ところが病弱だったため、
実務は主事のケルシィの双肩にかかってきた。異国人である彼にとって、
それがいかに困難をともなうものであったかは想像するに難くない。ケル
シィの 5 月 7 日の日記には、「私の一身に集まる責任と負担との下に持ち
こたえようとするならば、私にはもう少し休息が必要であると思う。夜学
校に 2 時間、西南学院に 3 時間。一年中を通じて 1 週間12時間をくだる時
がない。毎日チャペルの指導をしなくてはならず、しかもチャペルは 1 日
2 回あることがしばしばであった。その他、学院の行政の細部も見なけれ
ばならず、学院の会計の任もある。市内の伝道の方も相当に仕事がある」

と記されている。

條は病気療養のため7月に辞任し、ケルシィはやむなく、1917（大正6）年2月に第2代の院長となった。その時、彼は38歳の若さであり、その後13年間にわたって院長の重責を担うことになる。

西新校地の購入

念願の「西南学院」が開校した後も、ケルシィをはじめとする学院関係者は、かねてから懸案だった西新の土地の購

院長就任当時のケルシィ。
1918（大正7）年、39歳

入、新校舎の建築、経営費の工面などの問題に日夜心を砕いた。ことに、1914（大正3）年の第一次世界大戦勃発による米国経済界の不況のために、ミッション・ボードからの支援が思わしくない状況にあったために、ケルシィの悩みは大きかった。そうした中、西南学院の理事の一人であった宣教師W.H.クラーク（William Harvey Clarke, 1867-1943年）は、1917（大正6）年、米国南部バプテストの機関誌を通じて西南学院の財政的窮状を南部バプテストの全信徒に訴えた。そのパンフレットの一節には次のように記されていた。

　　昨年開校された西南学院は、多くの人々から大きな期待をもって迎えられました。それは、公立学校がなし得ない教育を実施できる私学であり、ミッション・スクールであるからです。日本を救い、日本を将来あらしめるものは、実に神が計画し、神が遂行したもう事業でなければならないということを確信します。しかし、それは、人間がこれに真実と熱心とをもって参加するときに、初めて良き実が結ばれる

I　チャールズ・ケルシィ・ドージャーの生涯 | 43

ものなのです。西南学院を日本における最も秀れた学校とすることは、我々クリスチャンの義務なのです。西南をして第一級の学校にしようではありませんか。既に種がまかれた西南を見殺しにすることは、我々の恥辱です。良い学校とするために多額の費用が必要なのです。

　また、たまたま休暇帰米中の宣教師J.F.レイも信徒大会などで西南学院の窮状を報告・説明した。こうした訴えに対して多大な反響が起こり、多くの寄付が寄せられた。ミッション・ボードでは学院に対する6,000ドルの寄付を行うことが承認された。閉ざされたかに見えた道も、ケルシィをはじめとする多くの人々の努力と協力によって、少しずつではあるが開かれていった。そうしたことによって、1917（大正6）年9月には、西新校地を購入することができ、校舎の建築に着手した。第1校舎（東校舎）・雨天体操場が完成したのは翌年1月のことで、直ちに大名町から移転した。そして、移転早々の2月に、クリスチャン生徒によるクラブ活動としてゲッセマネ会が誕生し、毎日祈祷会がもたれるようになった。このグループは、最初は小グループであったが、やがて学院内の伝道活動の種となって、キリスト教信仰の実践と伝道の役割を果たすことになった。聖書研究会、祈

敷地選定当時（1917年頃）の西新校地。右下の人物はケルシィ

1918（大正7）年、大名町から西新校地に移築されたばかりの旧福岡バプテスト神学校校舎

◀雨天体操場完成
（1918年）

▶中学校第2校舎（西校舎）
竣工（1919〔大正8〕年）

I　チャールズ・ケルシィ・ドージャーの生涯　｜　45

当時の教職員と生徒。中学校第1校舎（東校舎）前にて（1919年）

祷会、特別講演会等を行うなど意欲的に活動し、生徒たちに積極的に働きかけたので、その結果クリスチャンになる生徒も多く出てきた。

　1919（大正8）年4月には、第2校舎（西校舎）が完成。翌年3月には、文部省告示によって西南学院卒業生に専門学校入学資格が認められた。

◀1920（大正9）年頃、ドージャー一家のピクニック

9 高等学部開設時代

福岡に第一級のカレッジを

　学院の施設を整備するとともに教員も増やされ、主要な人物としては、1917（大正6）年の水町義夫（初代高等学部長、第4代院長、第6代理事長）、1920（大正9）年の波多野培根（中学部、高等学部教授として23年間在任）の来任を挙げることができよう。

　当時の教育界の動きとしては、1919（大正8）年に高等教育の諸「学校令」の改正とともに「高等教育機関拡張6か年計画」が立案され、高等学校、高等工業学校、高等商業学校など計29校の新設が定められた。政府のこうした画期的な計画に促されて、私学でも専門学校から大学にいたるまでの高等教育機関の施設の拡充・学科課程の改編等が行われ、一大飛躍の段階を迎えた。学院内外においてもこの頃から、学院卒業生のために高等学部を開設してほしいとの声が強くなってきた。こうした情勢の中で、ケルシィは、中学部の最初の卒業生を出す1921（大正10）年を期して、高等教育を施す専門学校の設立を計画した。1919年4月15日に、ケルシィはミッション・ボードに対して次のような手紙を送った。

　　私たちは、福岡に第一級のカレッジを作りたいという希望を許可してくださるようお願いします。お金はかかりますが、それだけの価値があります。

また別の手紙では次のように記している。

I　チャールズ・ケルシィ・ドージャーの生涯　47

私たちは大きな仕事をしているのですから、大きな資金が必要です。もし可能であれば、1920年までに日本人が校長に就いてもらいたいと願っています。私たちは、日本人に奉仕するために、ここにいるのです。

　さらに、1919年は学院の財政についても大きな課題が持ち上がった。それは、公立学校の教師の給与が50％から60％引き上げられ、年内に再度引き上げられたことである。そのため私立学校も教師の確保のため歩調を合わせることが必要となり、学院の授業料の値上げを実施した。また、高等学部を設置するためには校地を拡張する必要があり、その用地として中学校の西側で修猷館の後側の土地5000坪が候補となったが、その買収額として8万円が見込まれていた。また、高等学部の開設には財団法人の設置が必須のため、財団の基本財産としてさらに8万円を確保しなければ政府から高等学部の認可を得る見込みがなかったのである。

　このような状況を受けて、その後もケルシィはミッション・ボードの力強い協力と援助とを求めて手紙を書き送り続けた。

　ケルシィをはじめとする西南学院関係者のこうした熱意、要望はボードに受け入れられ、高等学部用敷地として約2万平方メートルを中学部の西側に隣接して購入することができた。こうして高等学部設置計画は、その後、水町義夫が設立準備に当たることになって具体化していった。当時、九州・中国地方においては、キリスト教主義の高等教育を施す学校は一つもなかった。そのため、高等学部開設にあたって、一番心を用いた点は、ミッション・スクールとしてキリスト教教育を徹底させることはもちろんであるが、私学として官公立学校以上の教育内容と知的水準とを保たねばならないということであった。その一つの現れが、少人数教育と4年制教育の実施であった。当時の専門学校は普通3年制であったことを考えると、その衝に当たった人々の教育に対する熱意のほどがうかがわれる。そして、いよいよ、1920（大正9）年6月11日に高等学部設置申請書が文部大臣宛てに提出された。

C.K.ドージャー一家。左から、ヘレン、ケルシィ、エドウィン、モード（1921〔大正10〕年）

赤レンガ講堂の完成

　1921（大正10）年は、西南学院にとって大飛躍の年となった。2月17日に「私立西南学院財団」の設立が認可され、法人格が与えられた。財団の認可と同時に高等学部の設置も認可された。2月20日付の新聞『九州日報』には、「高等科設置の認可にニコニコのドージャー院長」という見出しで、次のような記事が載った（一部抜粋）。

　　今度建てられた新館の赤煉瓦が精気を帯びて、松の緑にくっきり浮かんで見える。院長ドージャー氏は、例の愛嬌ぶりを見せて語る。「だいぶん待たされましたが、やっとお陰で認可になりました。準備は、もうできています。規則書を申し越された方もありましたが、とにかく認可があった上で配布することにして、昨日から出しています。

Ⅰ　チャールズ・ケルシィ・ドージャーの生涯　｜　49

西南学院本館(赤レンガ講堂)定礎式(1920〔大正9〕年9月9日)

西南学院本館(現大学博物館)竣工(1921〔大正10〕年3月)

▶1921年に最初の卒業式が行われた本館の講堂。また礼拝もここで行われ、ケルシィらが学生にキリストのメッセージを伝えた

さしあたり、文科と商科を置いて、各50人ずつの学生を収容するつもりです。教室は、中学部第2校舎の2階を当てていますが、近く寄宿舎も建築にとりかかるはずです。教師は、全部で11人ですが、まだ国漢文の教師が足りません。入学試験は、4月7日にいたします。まず20人だけは直ちに入学するはずです。建築や何かで、ごたごたしていますが、来週は本館に引き移る予定です。英語の教師を養成することが眼目ですが、ゆくゆくは、神学のほうも教えることになります」。

3月9日には、中学部および高等学部のチャペルに用いられる赤レンガの本館の献堂式、ならびに中学部の第1回卒業式が挙行された。

高等学部の進展

高等学部は、当時の専門学校令による4年制で文科と商科とからなっており、4月1日開設。文科15人、商科25人の計40人の生徒でスタートした。文科の場合に英書が多いのは当然としても、商科の場合にも、文科と同程度の英書が使用されているのが本校の特徴であった。「語学の西南」とい

中学部の寄宿舎生とともに。2列目中央ケルシィ、その右水町義夫、その右波多野培根（1921〔大正10〕年春）

う伝統は、そうした厳しい教育の中から培われていったのであろう。高等学部開設当時のはつらつとした西南学院の様子を河野貞幹（さだもと）（西南学院大学教授、第7代院長）は、後年「西南学院略史」と題する一文の中で、次のように面白おかしく述べている。

　　水町先生が部長、若い大村先生が補佐役、伊藤哲太郎氏が事務長。会社重役だったヒゲの生えた紳士、柔道五段の猛者など、生徒として老若男子仲よく入学。中学部校舎の二階を間借りしていた。一生涯和服で通された波多野培根先生は、すでに中学部に教えておられ、高等学部にも講師として教えられた。易者のおじいさんそっくりであった。まことに少数教育で、皆互いに知り合って、家庭的な空気の中に育っていった。校舎の新築、寄宿舎の設置、教授力の充実など、あらゆる努力が払われ、（中略）あるいは、信仰運動に、社会運動に、また文化運動、特に英語・音楽・劇・文芸に、また、運動部においては、野球・庭球・角力・柔道・剣道等は、強豪の名をほしいままにした。その間、

多数の米人教師が来校した。そのうち、ベイカー〔Effie Evelene Baker〕、コンラッド〔Florence Conrad〕の両美人教師は、初代の学生には忘れられぬ学院松林の花であった。また、ドージャー院長の令嬢ヘレンさんの可憐な少女姿は、誰彼の心に美しく焼きついているだろう。

(『西南学院創立35周年記念誌』1951〔昭和26〕年、3頁)

　1921（大正10）年8月には、遠方から来る学生のために寄宿舎「玄南寮（げんなん）」が竣工した。9月6日には、高等学部学生に対して徴兵猶予が認可された。学生生徒にとって、学校卒業まで入営を延期してもらえることはアジア・太平洋戦争前においては最大の特典であった。したがって、在学中の学校が徴兵猶予の指定を受けているかどうかは、学校の社会的信用をはかる上での重要な要素であった。

　また、学院の名称も「私立西南学院」から、「私立中学西南学院」（1916年）、「中学西南学院」（1920年）を経て、翌年4月の「高等学部」開設に伴い、この年6月には「西南学院中学部」と改称された。1922（大正11）年4月、高等学部の新校舎が完成。翌年3月には、中学部寄宿舎「百道寮（ももち）」が竣工した。高等学部では、4月から神学科が授業を開始。6月には神学科の寄宿舎が竣工。9月には、杉本勝次が中学部に就任した。

　1923（大正12）年はじめ、ケルシィは、高等学部学友会雑誌『西南』の編

▶高等学部寄宿舎「玄南寮」竣工（1921年8月）

Ⅰ　チャールズ・ケルシィ・ドージャーの生涯　53

▶高等学部新校舎
　竣工（1922〔大
　正11〕年4月）

◀中学部寄宿舎
　「百道寮」竣工
　（1923〔大正
　12〕年）

集部の求めに応じて、西南学院の教育の基本方針を「高等学部学生諸君よ」というタイトルで寄せている（これは口述筆記で行われた）。この年は、学院にとって、また高等学部にとって、極めて重要な年であった。すなわち、中学部第1回の卒業生を社会に送り出し、また高等学部を新設して3年目を迎え、高等学部に念願の神学科増設が認可された早々のことであった。この論文は、こうした学内の諸事情をふまえながら、創立者によって書かれた数少ない貴重な論文である。西南はどのような人物を育て社会に送り出そうとしていたのかを知る上で、最も重要な指針となると思われるので、

その全文を本書81頁に記載する。

　同じ年の４月17日の高等学部入学式に３回生として出席していた松井康秀（文科卒、中学部教員）は、その時はじめて会ったケルシィの印象やその式辞の内容を後に次のように述懐している。

　　始めて私がドージャー先生にお会いしたのは、大正12（1923）年４月17日の高等学部入学式の当日であったと思います。偉大な体軀、元気に充ちた顔、黒い眼鏡から覗く澄み通った眼、引き締まった口元、この人が院長だなあと思っていると、やおら立ち上って、実に流暢な日本語で式辞を述べられた。その中でも、はっきり覚えていることは「西南学院は私が建てたのではなく、キリストが私に建てることを命じ給うたのである。日本の将来を背負う大切な青年諸君を教育するために、学院は存在している。それ故、この学院教育は、終始キリスト教主義である。礼拝が毎朝ある。聖書の時間がある。酒、煙草は絶対に飲んではならない。〔寄宿〕舎生は、日曜日には、必ず礼拝に出席してもらいたい。御入学のお祝いと共に、院長の希望と学院教育の中心を申しあげ、知識の習得と共に、人格ある信仰ある紳士として、社会に立ってもらいたい」と。実際のところ、叱られに来たようであった。しかし、先生の信念のあらわれた力強い言葉と、流暢な日本語と、大声とに、皆ど肝をぬかれてポカンとしていた。

　　　　　　　　（『西南学院中学部便り』第10号、1936〔昭和11〕年６月）

　西南学院は、1916（大正５）年の創立以来、幾多の困難を乗り越えながらも1921（大正10）年に高等学部を開設するなど着実な歩みを始めた。当時の様子を西南学院中学部第１回卒業生である伊藤俊男（後に西南学院大学教授、第９代院長）は『西南学院大学広報』（第17号、1971〔昭和46〕年７月）で次のように回顧している。

大正5、6年頃といえば、まだ福岡などにはキリスト教を邪教視する向きが強く、宣教師のかたがたのご苦労は想像を超えるものがあったようであります。したがって、そうした中で、キリスト教学校、とくに腕白ざかりの男の子を教育する中学校を設立するには、よほどの信念と決意がなければできなかったろうと思われます。入学志願者は、先生がたの熱意が天に通じてか、118名の志願者があり、その中から105名の合格者を得ました。（中略）けれども、翌年の3月になると、県立校を志す者が相ついで出るし、2年生になった時には、各組とも20数名になっていました。せっかく確保した生徒が次々に減っていくことは、まず、教育の対象がせばめられるのと、予算に狂いが生じてくるので、先生にとって非常な苦痛があったと思います。良心的な学校経営は金のかかるものです。（中略）先生は血の汗を流す思いで、祈りに夜を明かされることもたびたびであったのです。けれども、年を経るごとに、こうした現象は、緩和されてまいりました。それは先生を中心とするスタッフの真摯な授業態度が、生徒に、自然とキリスト教やキリスト教学校というものに対する理解を深めさせていったからであります。そして、彼らの劣等感が、いつの間にか誇りに近いものとなり、やがて、それが自然と愛校心にかわっていったからであります。チャペルも有益な時間になるし、勉強やスポーツにも精を出すようになりました。こうして第1回の卒業生が出た時にはわずか29名になっていましたが、進学状況はきわめて良かったし、柔道なども全国大会で名をなすにいたっていました。

　当時の西南学院は、南部バプテストの経営でありアメリカ式の学校だった。入れることは入れるが、成績が悪ければ遠慮なく落第となった。しかし、そうした大らかさ、厳しさが、また、西南の良さでもあった。
　1925（大正14）年3月には、高等学部の第1回卒業式が挙行され、翌年5月11日には、学院創立10周年記念式が盛大に行われた。

10　西南学院バプテスト教会の設立とケルシィ

　大名町にあった西南学院が、1918（大正7）年1月、西新の現位置に移った時、福岡にあるバプテスト派の教会は簀子町（現在の中央区大手門付近）にある福岡浸礼教会（後の福岡バプテスト教会）だけであったため、学院関係者の中から、学院の近くに教会を設立しようとの声があがり、1922（大正11）年12月2日、29人の会員をもって西南学院バプテスト教会が組織され、ケルシィがその初代牧師に就任した。最初の頃は教会堂もなく、教会の集会には、学校の講堂や会議室などが使用された。12月23日には、当時学生であった溝口梅太郎（高等学部）、三串一士・藤崎九州男・藤井泰一郎・八木一任（中学部）、そして、神学科の寮母であった有田秀代が教会に加わった。

　院長の任務と併せて、学院教会の牧師を兼ねて指導に当たっていたケルシィも、学院創立10周年の1926（大正15）年8月には牧師の任を完全に辞し

上：1908（明治41）年、福岡市簀子町の福岡浸礼教会
下：福岡浸礼教会でのクリスマス（明治末期）。写真左奥（ツリーの左）がケルシィではないかと思われる

Ⅰ　チャールズ・ケルシィ・ドージャーの生涯　57

◀院長住宅竣工（1921〔大正10〕年4月）

ドージャー家の3人兄弟。左から、エドウィン、バルトン、ケルシィ（1922〔大正11〕年）

院長住宅の前でのドージャー一家。後列左端はモードの母（1922年）

て、専ら院長の任に当たることになった。後にケルシィは、西南学院バプテスト教会創立10周年にあたり、同教会報10周年記念号に「十年間の西南学院バプテスト教会を顧みて」と題して寄稿しているが、その一部を紹介する。ケルシィの強い信仰心が表れた一文である。

　　西南学院バプテスト教会は、イエス・キリストの御福音が単に西南の学生生徒らのみならず、西新町付近の人々の霊にも触れしため、ま

▶西南学院バプテスト教会。1933（昭和8）年10月17日完成。この教会堂ができるまで、礼拝その他の集会は学院講堂などを使用していた

たこれを救うためにできたのです。なにとぞ会員各位は、この唯一の目的を忘れず、これに対して忠実ならんことを祈ります。（中略）私どもは、常に神とともに働く労働者であることを記憶いたしたい。ですから、仕事は私どもの仕事ではありません。神の御仕事です。私どもはただ、忠実でさえあればよろしいのです。そうすれば、いずれよき実を収穫することがありましょう。われらは、結果について心配せずに、ただ神に対して誠実であればよろしいのです。我らは水を注ぎ、我らは耕せばよろしいのです。神は、与え、神は増し加えてくださいます。

　十年、あゝ十年、これはホンの初めです。われらは永遠に向かって建設しているのです。我らは煉瓦や漆くいの建築をなすのでなく、生きたる霊の建設をなすのです。神よ、西南学院バプテスト教会を祝したまえ。

（『西南学院バプテスト教会創立拾周年記念号』1932〔昭和7〕年）

　学院創立以後の10年間の歩みは、西南学院にとって種々の困難はあったにしても、一応順調な発展を遂げていたと言うことができる。そして、ケルシィの魅力ある人柄が伝道と教育活動の上に遺憾なく表わされた時代であったと言えよう。

Ⅰ　チャールズ・ケルシィ・ドージャーの生涯　59

11 「日曜日問題」と院長の辞任

「安息日」をめぐる対立

　曾祖父母以来の家庭の信仰と、当時の南部バプテストの教会の雰囲気のうちに育ったケルシィにとっては、聖書の示す信仰内容はどのような社会においても固く守らねばならないという厳格さを持つものであった。この立場は、彼の個人的な見解というだけではなく、西南学院のキリスト教教育の方針であり、日曜日を「主の日」として守ることを厳しく学生生徒に要求した。

　　　安息日を心に留め、これを聖別せよ。六日の間働いて、何であれあなたの仕事をし、七日目は、あなたの神、主の安息日であるから、いかなる仕事もしてはならない。あなたも、息子も、娘も、男女の奴隷も、家畜も、あなたの町の門の中に寄留する人々も同様である。六日の間に主は天と地と海とそこにあるすべてのものを造り、七日目に休まれたから、主は安息日を祝福して聖別されたのである。
　　　　　　　　　（日本聖書協会『聖書 新共同訳』出エジプト記第20章第8～11節）

　この西南学院の姿勢は、キリスト教の伝統とそうした社会的習慣を持たない日本の社会において種々の摩擦を生じさせ、これがいわゆる「日曜日問題」を惹き起こす要因となった。
　高等学部が開設されて数年後の昭和初期は、野球部をはじめとしたスポーツ各クラブの勃興期でもあり、日曜日に対校試合が行われることが多く、ケルシィは院長として主の安息日である日曜日に野球試合などのス

▶ケルシィと高等学部野球部員。「日曜日問題」が表面化してきた1927（昭和2）年頃

ポーツを行うことを固く禁じた。「日曜日のスポーツ禁止は、君たちの内面の問題として考えなさい。この日こそ神の言葉を聞き、聖書によって清められ、新しい週へ向けての安息の日である」というのがケルシィの信念であった。これは運動競技だけにとどまらず、宗教的目的のためのものは別として、音楽会や講演会も同様であった。

当時、高等学部の教員として野球部部長やラクビー部部長を務めた杉本勝次は、当時を思い起こして次のように記している。

〔日曜日、〕春日原のグラウンドに〔西南の〕選手たちは既にユニフォームを着て試合を始めようとしている。私は、それを「やめてくれ」と命じて引き戻す。そういう時の選手たちは、割に素直であった。頭から学校の方針を無視してかかるという風はなかった。（中略）しかし正式な対抗試合ではそういうこともできなくて、たびたび処罰問題を惹き起こす。かくして学生側にうっ積したものが自然に醸成されつつあったことは、やむを得ぬ次第でもあったろう。ドージャー院長に対して学生は充分に敬愛の情を抱いていたと信ずるけれども、一触即発、あることから火がついて、日曜競技問題に燃え移り、院長排斥辞職要求のストライキとなってしまった。昭和3年初頭のことである。

（西南学院大学宗教部週報『使者』Vol.V No.5、1978〔昭和53〕年5月8日）

1926（大正15）年のケルシィ

また、1925（大正14）年の夏、全国高専野球大会の予選試合に野球部マネージャーとして日曜日の試合に参加した経験を持つ伊藤八郎（高等学部第3回卒業生）は、その時の思い出を次のように語っている。

　試合の翌朝、私はピッチャーの安田君と停学処分も覚悟の上、院長宅におわびに行きました。しばらくしたら院長が出て来られたので、2人は頭を下げて「昨日は、日曜日なのに試合をしてしまいました。申し訳ないことをしました」と断わりを言ったのです。相当怒られることを覚悟していたのですが、院長はニコニコして「いいです。いいです。悪いことがわかりましたか」と言われるんです。「はい」と答えると、「じゃあ、いいです。いいです」といわれて、それでおしまいなんです。こちらはとても気負って行ったんですが、あっけなかったですね。
　　　　　　（RKB毎日放送制作「荒野に呼ばわる者」1986〔昭和61〕年）

　素直に悔い改める者は、素直に受け入れるケルシィであった。しかし、あくまで安息日にこだわるケルシィに対して、学生のみならず教員の中からも学生に同情する者が出てくることになり、学内での対立が表面化していくことになった。

院長排斥ストに発展

　1928（昭和3）年1月、ケルシィは、学生に同情して学校の教育方針に従わない教師に同年3月末で解雇を申し渡したが、このことが学生たちを学校の改革運動に駆りたてる発火点となった。同年2月、高等学部の学生たちは決起集会を開き、教授会に改革建議書を提出した。その内容は、「日曜日を自由に使用させること」、「礼拝出席を自由にすること」、「院長が罷免した教師を留任させること」など18項目に及ぶものであった。さらに、学生たちは、ケルシィの院長辞職要求決議文を発表し、院長排斥のストライキへと発展していった。この問題を取り上げた当時の新聞の論調も、全て学生側に立ったものであった。

　苦悩の中にありながらも、学生たちを愛するケルシィの気持ちが当時の日記に次のように綴られている。

　2月9日（木）　午前6時30分頃起床。昨夜は、本校で起こっている諸問題が頭を離れず、あまり眠れなかった。高等学部の生徒全員が興奮している。全て詳細まではわからないが、不穏な事が起こらねば良いがと危惧している。日本の学生は興奮すると、冷静に判断できなくなる。学生が討論会を開催する事には我々も賛同している。（中略）今夜は疲れたので早く寝て、ゆっくり英気を養おう。問題が山積している。

　2月10日（金）　早起きして、朝食を取った。（中略）小野先生から学生の攻撃の矛先が私にあることを伝えられた。これで私は理詰ほっとした、というのは、生徒が教師の何人かの辞職を要求すると心配していたから。（中略）帰宅したのは午後10時少し前。ゆっくり休めた。

　2月11日（土）　（前略）生徒会は、人として、教師として、信仰上の指

I　チャールズ・ケルシィ・ドージャーの生涯　63

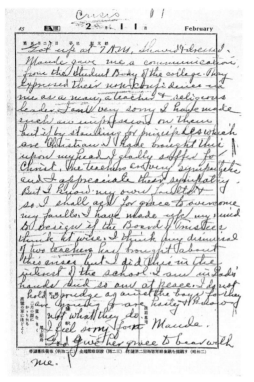

ドージャー自筆の日記
（1928〔昭和3〕年2月11日付）

導者としての私に対する不信任を表明した。生徒達にそのような印象を与えた事は残念であるが、キリスト教信仰に根ざす信念を擁護したことで、この事態を自分に招いたのであれば、キリストのために喜んで苦しみに甘んじよう。教員達からとても同情してもらい感謝している。だが、自分は己の欠点を自覚しているので、それに打ち勝つための加護を願う。理事会がそれを良しとすれば、辞める決意をしている。私が2人の教師を解任したことがこの危機的状態をもたらしたと思うが、本校のためを思ってなしたことだ。自分は神の御手にあるので、心に動揺はない。生徒達に対して不快な思いを抱いていない。彼らは若く、事を性急になし、自らの振る舞いを理解していないから。モードに申し訳ない。私と共に辛抱する彼女に御加護がありますように。

2月12日（日）　昨夜は早く床に就いて、思い切り休んだ。自分と本校に立ちはだかる問題が頭を離れず、一晩中眠れる状態ではなかったが、実際は熟睡した。午前7時起床。家内のモードは疲労困憊して起きられなかった。（中略）子供たちに手紙をしたためた。

ケルシィは試練の中で祈り、反省し、神の御旨を求めたが、帰結するのは「キリストに忠実である」ということであり、他の道を見出すことはできなかった。

院長の辞任

　やがてこの事件が一人の犠牲者もなく収拾された後、ケルシィはその責任を痛感し、また心臓が弱っていることを心配し、過労と緊張から解放されるために責任ある地位から下りて休養を勧める医者の勧告もあって、同年4月辞意を表明した。しかし、その辞意が理事会によって受け入れられたのは、その翌年、1929（昭和4）年の6月であった。ケルシィは、その時の心境を次のように日記に記している。

　6月19日（水）（前略）今まで懸命に校長職を果たしてきたが、その任が解かれ、安堵した。自分は今まで何度も失敗したが、誰も仕事に忠実ではないと指摘する人はいなかった。

全教職員、学生、生徒らと。院長として最後の写真。前列左から、中学部長佐々木賢治、院長ドージャー、神学科長ボールデン、高等学部長鳥居助三（1929年7月1日）

◀ケルシィが院長を辞任した年（1929〔昭和4〕年）の高等学部教職員

　その年の7月10日、ケルシィは正式に西南学院院長を辞任した。
　当時、高等学部の学生で、ケルシィの信仰から出る主義を理解できずに衝突した経験をもつ藤井泰一郎は、日曜日問題を次のように回想している。

> 　高等学部の学生の頃は、庭球部に関係していたため、しばしば先生に日曜日の問題について心配をかけたものだった。ある時など、部員があるトーナメントに出場したいと言うので、先生に了解を求めに行ったが、頑として応じてくださらない。日曜日出場そのものは、とても動かすことのできぬことを知っていたので、トーナメントは全く個人的な競技であると主張して、遂に卓を叩かんばかりに先生に向かって議論を吹きかけた。結局、先生の態度は変わらなかった（中略）少しも妥協されなかった。そうした場合に、われわれは、何時でも、理づめではどうにもならぬ先生の頑固さを秘かに酷評したものだった。しかし、今にして思えば、それが先生の信仰であり、また、信仰とはかくのごときものでなければならぬという事が、その後、自分にもようやく分かってきた（中略）それが分からぬ私のような学生のために、先生はどんなに淋しい思いをされた事だろう。

（『ドージヤー院長の面影』166頁）

ケルシィにとって重要なことは、内面的にその人格を支える見えざる神への誠実、この世との妥協を排してキリストに忠実ならんとする信仰であった。ケルシィは、新たに就任する教師によく、"It is our purpose to make a good school, not a big one."と語ったという。その「善き学校」とは、まさに「キリストに忠実な学校」だったのである。

院長を辞したケルシィは、その年、休暇で1年間アメリカに帰ることになった。

娘ヘレンとともに（1929年）

後任となったボールデンは、二十余年前ケルシィとともに来日し、日本伝道に協力してきた親友の一人であった。しかし、同じく聖書に立つ信仰ではあったが、ケルシィとは異なって社会の現実に適応しようとする姿勢を持っていた。教会内の問題についても、リベラルな態度を示したボールデンは学院の学生には強く支持されたが、当時の南部バプテスト教会関係者たちに受け入れられず、その結果、ついに院長を辞任するにいたった。これは、1932（昭和7）年、学生たちの留任運動ストライキにまで発展したが、ボールデンはその年に学院を去った。

後年、公式試合に限るという条件で、日曜日の試合が公認されるようになったのは、1940（昭和15）年のことであった。

「日曜日問題」の渦中にあって完成した武道場（1930〔昭和5〕年）

12 北九州における伝道とケルシィの死

「働きながら死にたい」

　1929（昭和4）年7月、西南学院院長を辞任したケルシィは、休暇のため1年間アメリカに一時帰国したが、1930（昭和5）年9月、福岡に戻ると、間もなく下関市に異動した。翌年10月、住居を小倉市の西南女学院構内に移し、北九州の伝道に従事することになった。それとともに、九州各地のバプテスト教会の応援指導、西南学院や西南女学院の理事、宣教師社団の会計を担当するという多忙な毎日であった。

　しかし、この頃ケルシィの健康に重大なかげりが見え始めていた。特に新しい住居は丘の上にあり、その坂道の上り下りは心臓に強い痛みをもたらすようになった。1933（昭和8）年3月下旬、ケルシィは九州帝国大学医学部附属医院武谷内科に入院し、精密検査を受けた結果、狭心症であることがわかった。その後は特に健康に留意することにしたが、他面「今は非

◀戸畑での集会の後、戸外で（1930年11月）

常の時である」、「自分は働きながら死にたい」との決意をもって講壇に立ち、種々の集まりで司会を引き受け、各種の集会に出席するなど、その活動は健康時と少しも異なるところがなかった。

しかし、そうした小康状態も長くは続かず、5月21日、日曜日の朝夕2回の教会出席の帰途は、苦痛のため自動車を使用するほどであった。翌22日、気分がよいとのことで散髪に行ったが、そこで発作が起こった。急報によってモードと主治医

小倉の西南女学院におけるドージャー宅

小倉の宣教師館のケルシィの書斎（1930年頃）

▼5人がバプテスマを受けた後で。八幡教会にて（1931〔昭和6〕年3月1日）

北九州での伝道活動を行っていた頃のケルシィ（1932〔昭和7〕年頃）

の土方博士が駆けつけ、店頭の理髪台上で応急手当を受け、ようやく帰宅することができたが、これが現世における最後の外出となった。悪いことには、24日に長崎教会が火災を起こした。その善後策を講ずるのは自分の責任と感じたドージャーは、翌25日に長崎行きの準備をしている時に2度目の発作が起こり、旅行は取りやめられた。その日の午後、在日宣教師の最古参 E. N. ウゥーン（Ernest N. Walne, 1867‐1936年）がケルシィの容態を心配して任地の下関から駆けつけ、その懇請によって医師から命ぜられた数カ月間の絶対安静を受け入れた。

死の床で娘ヘレンを思う

5月25日（木曜日）の夜、8時30分頃、就床の着替えのため2階に上った後、再び激しい発作がケルシィを襲った。学校の看護婦と主治医の土方博士が呼ばれ、夜を徹して治療に全力を尽くした。福岡にいた長男エドウィンとその妻メアリー・エレン（Mary Ellen Dozier, 1907‐99年）も連絡を受けて夜中の2時過ぎに到着した。二人の来着は病床の父ケルシィに大きな満足をもたらした。痛みは金曜日までずっと続き、周囲の人々を心配させた。しかし、土曜日には期待がもてるほど穏やかであった。それもつかの間、日曜日には再度悪化し、親しい人々に「キトク」の電報がうたれた。

ケルシィは死の床で、アメリカのメレディス大学の卒業式を間近にひか

えたヘレンを思いやり、「卒業を記念して開かれるヘレンのピアノ・リサイタルを前に、彼女を心配させてはならない」と、自分の状況をヘレンに知らせないようにモードに頼んだ。一方、小倉（記念）病院の藤沢医師、九大医院の武谷博士などが呼ばれた。主治医の土方博士もずっと立ち会った。しかし、あらゆる努力の甲斐なく、5月31日（水曜日）午後3時12分、ケルシィはついに54年5カ月の生涯を終えた。

西南学院への遺言 "Seinan, Be True to Christ"

いよいよ最期が近づいたことを知ったケルシィは、モードを枕元に呼び、「私は牧師諸君と重荷を分かちながら今日までやってきた。私が死んだら、牧師諸君に運ばれて、永遠の憩いの場に往かせてほしい」、「今は非常時なので、私の葬式は簡素にしてほしい」、「友人たちは、高価な礼服よりも質素な平服で告別してもらった方が私の気持ちにかなっている」、「供花などのためにお金を使う友人があったら、八幡教会の牧師館建築の献金に回してもらうよう、お願いしなさい」、「私はキリストに遣わされて日本に来たが、このようにしてキリストのために働きながら倒れるのは、私が願っていたことであった」などと言い遺した。そして、最後に「私は、こうして寝ている間も、片時も西南学院のことを忘れたことはない。その西南学院に、くれぐれもキリストに忠実であるように伝えてほしい（Tell Seinan to be true to Christ.）」（『聖戦』第37号、1933〔昭和8〕年6月）と遺言した。この最後の言葉が、建学の精神「西南よ、キリストに忠実なれ」として今も固く受け継がれている。

ケルシィは、また自分の二人の子エドウィンとヘレンが、ともに両親の志を継いで日本宣教のために献身したことを限りない喜びとし、「これ我が生涯における最大の恩恵なり」と言っている。ことに、エドウィンは、西南学院の第9代の院長となり、親子2代にわたって西南学院のために多

大なる貢献をした。そして、「西南よ、キリストに忠実なれ」という父の遺言をさらに敷衍して、「神と人とに誠と愛を」(Faith and Love to God and Man.)の言葉を残すこととなった。

ケルシィの死後、モードはミッション・ボード総主事のチャールズ・マッドリー（Charles Edward Maddry, 1876－1962年）に宛てた手紙に次のように書いている。

　　亡くなる前にドージャーは、何度もこう言っていました。「私の人生は不完全なものだったが、厚い信仰は持っていた。私は神に救われた一人の罪人でしかない」と。そして、自分の命より愛した西南学院に言い残した言葉は「西南よ、キリストに忠実なれ」でした。

葬儀と記念事業

ケルシィの葬儀は、1933（昭和8）年6月2日午前10時から西南女学院講堂で行われた。各代表の弔辞もさることながら、特に満場の人々の心を強

◀小倉の西南女学院における葬儀（1933年6月2日）

72

上：棺をになう教え子たち
右：西南女学院構内に埋葬されたケルシィの墓碑（1934年3月）

く打ったのは、彼と最も深いかかわりを持ち、信仰の友として宣教の戦いを共にしてきたウヮーンの告別の辞であった。「親を失いし子は、孤児という。夫を失いし女は、寡婦（かふ）という。だが、友を失いし者は、何と呼ぶか。僕こそ、君の手によって葬られんと希（ねが）いしに！」と、声涙共に下るものであったという。式後、西南女学院生徒の「神ともにいまして、ゆく道を守り」の讃美歌に送られて、松の緑あざやかな構内の一隅に葬られた（ここ

Ⅰ　チャールズ・ケルシィ・ドージャーの生涯　73

ドージャー先生追憶記念事業出版部による『ドージヤー院長の面影』（1934〔昭和9〕年6月20日刊）

◀ケルシィの墓の前で。モードと長男エドウィン夫妻（1936〔昭和11〕年）

C.K.ドージャー先生5周年墓前祭（1938〔昭和13〕年5月31日）

は現在「西南の森」と呼ばれ、C. K. ドージャー夫妻、E. B. ドージャー夫妻、初代大学学長のW. M. ギャロット〔William Maxfield Garrott, 1910 – 74年〕夫妻らの墓碑がある）。

　ケルシィの死後、1周年にあたる1934（昭和9）年5月31日、「ドージャー先生追憶記念事業委員会（代表は水町義夫・佐々木賢治）」が立ち上げられ、記念事業に関する檄文を配付し、①追憶集の出版、②胸像もしくは肖像の作成、③ドージャー奨学金制度の制定が呼びかけられた。そのうち、追憶集は同年6月20日に『ドージャー院長の面影』として出版された。これは、ケルシィの在りし日の姿を偲ぶ貴重な資料となっている。奨学金制度は、西南学院卒業生、その他賛同者、ダッド博士（牧師、南部バプテスト青年会議議長）、遺族および在米の賛同者による寄付金（合計2,219円87銭）が、記念事業委員会からE. B. ドージャーに手渡された。1935（昭和10）年10月22日のことである。最初は私的なものであったが、1972（昭和47）年からはC. K. ドージャー記念奨学金として大学の奨学金制度となり、1976（昭和51）年のメアリー・エレン・ドージャー奨学金、1979（昭和54）年のジョイ・コープランド記念基金設定のさきがけとなった。

I　チャールズ・ケルシィ・ドージャーの生涯　75

13　ケルシィの人柄　思い出の記から

　ケルシィと学生・教職員との間には、人間的な触れ合いも多く生まれた。いくつかのエピソードや思い出の記から、ケルシィが生徒たちに傾けた愛情や、その人間性、人柄を垣間見ることができる。

　　いわゆる人格者だったら、喜怒哀楽の情をあまり表に出さないと思うのですが、その点から言えばドージャー先生は全く反対の人でした。自分の両親の話をされたりする時は、すぐ泣かれる。眼鏡をはずして涙をふきながら話される。そんなことが何度もありました。喜怒哀楽を表に露骨に表わして悔いない人でした。チャペルは厳しかったです。いつも前の壇上の椅子に腰かけてみんなを監視されていた。生徒がチョットでも私語しようものなら大声を出して走って来られて怒られるんです。そういうことがたびたびあって、私たちはある時、「あんなことをされたら逆効果で、チャペルの話をまじめに聞く気にならないのでやめてくれ」と言いに行ったのですが、先生は依然としてやり続けましたね。

　　　　　（三串一士・高等学部第5回卒業生、西南学院大学教授
　　　　　／RKB毎日放送制作「荒野に呼ばわる者」より）

　三串一士は、在学中にキリスト教の感化を大いに受け、中学部5年生の時にケルシィから百道の海岸でバプテスマを受けた。12月の雪の降る日だったという。

　　先生は純情の人であった。水晶のごとく透明な性格の持主であった。従って言はるる所は極めて率直、何ら腹蔵するところがない。そのた

▶百道海岸でバプテスマを授けるドージャー。後方は能古島(1928〔昭和3〕年頃)

め先生の肺腑より出づる何らはばかるところなき苦言も、あえて人に悪感情を起こさしめなかった。

(千葉勇五郎・福岡バプテスト神学校長、関東学院院長／『ドージャー院長の面影』69頁)

　ドージャー先生の日本語に通じておられたことは周知の事実であるが、ボールデン先生に比べて系統的文法的でなかったにしても、その言葉の数は多く、また方言を用い諧謔もて自由に話されたことは、多くの日本人に接せられた自然の結果であって、先生の愉快な性質も手伝って、日本語に精通されたゆえんであろう。(中略)先生は一面快活また諧謔の人であった。毎日のように職員室に来られて例の大きな笑いをされた。(中略)先生は実に身を持するに倹素であった。大抵の人であるならばモーニングを持たない者はない位置にありながら持たれなかった。(中略)学院創立の年、クリスマス、プレゼントに職員一同でコウモリ傘と瓜の漬け物を差し上げた時に大変喜ばれた。なぜなれば、その頃は破れ古した物を持っておられたからであった。

(古澤正雄・中学部教員／『ドージャー院長の面影』89－90頁)

　意に強いとともに、他面、非常に情にもろい先生でありました。事一度、学生に及ぶと我が子のごとく寝食も忘れてその差別はありませんでした。進路を誤りつつあった一学生のため、その責を自分の不徳に帰せられて、その御心痛は見る目も気の毒で、先生の目は涙をもっ

て満たされていました。その夜はほとんど一睡もされなかったという
事を聞かされて全く感涙しました。

（辛島重三郎・高等学部第1回卒業生／『ドージヤー院長の面影』110頁）

〔朝のチャペルで、人違いで叱られた時に、取り消しをしてもらわね
ば一歩も退かぬという悲壮な勢いで、もう涙さえ浮かべて友人と2人
で院長室に押しかけた。〕ドージャー先生は、私たちの言い分をじっと
聴いておられたが、「確かに君たちだと思いましたがね…、違います
か？…そうですか、それは大変失礼しました。私が間違いました、ご
めんなさい」と二人を前にして頭さえ下げられた。この意外な先生の
素直な態度と言葉にすっかり毒気を抜かれた私たち二人は（中略）入っ
てきた時の権幕はどこへやら、用いる言葉さえも分からずにろうばい
してしまった。

（藤井泰一郎・高等学部第4回卒業生、西南学院大
学教授／『ドージヤー院長の面影』164-165頁）

先生は大声を出して笑い、気持ちのよい人でした。（中略）また日本
語に熟達して、あたかも日本人のごとく言語鮮明、分かりやすく、説
教講演をなされた。時としてシャレを言って笑わした事もあった。一
例を挙げれば、二、三年前、香春において親睦会を催され、私も出席、
停車場で面会、後より私の肩をたたき、「藤沼さん、盗人がおりますか
ら気をつけなさい」と。「そうですか？」と驚きました。「ここにドー
がおりましょう。あの人はローでしょう。この人はボールデンでしょ
う。三人合わせて盗人になりました。アッハア」と笑いました。

（藤沼良顕・牧師／『ドージヤー院長の面影』76頁）

良き父として

家庭にあって、ケルシィは良き夫であり、良き父親であった。西日本に

おける私学の雄としてその基盤を固めつつあった西南学院の院長として、その重責を果たしながらも、息子エドウィンと娘ヘレンに、父親として溢れんばかりの愛情を注いだ。年月不詳であるが、父ケルシィの愛は、旅先からエドウィンの誕生日に寄せた手紙の中にもよく表れている。

宣教師館の庭にて、娘ヘレン、息子エドウィンとともに（1913〔大正2〕年）

　お父さんは、愛するエドウィンの誕生日が親切と思いやりで溢れた、大きな喜びの日であるように祈っています。誕生日の日にエドウィンがいままでお母さんに素直であったように、素直な子としてお母さんを幸せにする日であるように。そしてヘレンに対してやさしく、思いやりがある日であるように。次の一年間も、勇敢で正直な少年として、ベストを尽くすという決心をする日であってほしいと思います。お父さんの子であり、お母さんの子であるエドウィンは、いつも清い思いをもってほしい。そして、君の小さな心に、邪悪で汚れた思いを迎え入れないでほしい。なぜなら、悪くて汚い考えは、少年を悪い人にするからです。
　エドウィンはしっかりと勉強して、強くて頭の良い子になってほしい。それは、君がおとなになったとき、君の周囲の人々に、祝福をもたらすことができるようになるためです。大きくなって、人々への祝福となるためには、小さい時から、人々を愛し、奉仕するように、自分を訓練しなければなりません。お父さんは、エドウィンが、他人のことを考え、他人を助ける人になってほしいと思います。お父さんは、君がサタンからどんな誘惑をうけても、けっして嘘は言わないで、い

つも真実であってほしいのです。そして、偉大な人になってほしいと思います。偉大な人になるためには、他の何者にも増して、イエス様のようになることを学ばねばなりません。エドウィンの誕生日に家から離れていることは悲しいことですが、お父さんは、汽車にゆられながら、君のことを考え、祈っています。

（斎藤剛毅『神と人とに誠と愛を——E.B.ドージャー先生の生涯とその功績』ヨルダン社、1986〔昭和61〕年、49-50頁）

　娘のヘレンは、当時を振り返りながら、「私は、父が書斎で勉強している時によくピアノを弾きました。父は、それをとても喜んでくれていました。学校での苦労も母には見せたでしょうが、私たち子供には心配させないようにあまり言いませんでした。父は、私たちのために本当に楽しいホームを作ってくれました」とインタビューに答えている（RKB毎日放送制作「荒野に呼ばわる者」）。エドウィンとヘレンは後に宣教師として日本での伝道に従事することになるが、大村匡（高等学部教授、後に西南学院大学教授）は、バプテスト西部組合の機関紙『バプテスト』第72号（1936〔昭和11〕年5月）に「真実の人 ドージャー院長」と題して、ケルシィの父親としてのありようを次のように記している。

　　先生は真実の人であった。（中略）真実の人でなければ、父祖の業をその子女に継がしむることはできない。いかに崇高な理想を語り道義を説くとも、その生活に真実さがなく、自ら語り説くところと矛盾があるならば、人は感服するものではない。その私生活を最もよく知る家族への伝道の困難なゆえんは、実はここにあるのである。エドウィンさんとヘレンさんの兄妹がお父さんにならって、そろってキリストのために献身せられたことは、お父さんであるドージャー先生の信仰的感化によることと思うが、かかることは信仰的真実さにいくる人にのみ初めて可能なことである。

14 チャールズ・ケルシィの遺文

高等学部学生諸君よ——自由の精神を知れ。学院と社会は無縁ではない

　まず余の希望を述べる前に、余が諸君に対していかなる考えを持って諸君を指導しているかという点を述べることは、決して無駄な事ではあるまいと思う。余が諸君に毎日相接し相談じている際、「人、全世界を失うとも、その生命を失わば何の益あらん」とキリストが言われたあの聖句が、私の念頭に往来して、この尊い魂、この厳かな人格というものが、諸君のうちに存在するのだという厳粛な考えが、私の心の中に湧くのである。それであるから、いかにすればこの尊い魂を完全に救い得るか、いかにすれば諸君の人格が円満に、かつ完全に神に近いほどまでに洗練され得るかという点が、私の頭を悩まし、かつ私に大なる勇気と信仰とを湧き出させるのである。であるからして、また、余が諸君に熱望することは、諸君の魂が神に近い程までに聖化し、そうして分かり切った事柄ではあるけれども、応々にして軽視されている「人格」の養成という点である。学生として学問の大切なるは言を要しないけれども、その上に健全なる身体を造り、かつ真の人格をいかにして造るかという事に、我らは意を用いねばならぬ。余が学院を処理して行く上において、多くの時間を人格の完全なる修養に使うと覚悟しているのは、この点から考えたのである。

　我々が真の自由を得たいと熱望する、なるほど、これ程結構な叫びはない。けれども、学生諸君、我らは常に、真の人格を根底とし、完全に洗練された常識より出ずる自由を得たいのである。真に善と信じ、正義なりと確信する所に向かって突進する意味において、自由を叫びたいのである。我々学生として一校に席を有する以上は、校則がある。我々はこの校則を

Ⅰ　チャールズ・ケルシィ・ドージャーの生涯　81

守らねばならぬ。けれども、我々は、人間の法則や校則よりも超越したる所に、己を治してもなお誤りなき点までに努力し注意せねばならぬ。あのキリストの変貌の時、エリヤとモーセとキリストが相語りつつあったという事を知るものであるが、すなわちモーセは神の律法を代表し、エリヤは預言者を代表していたのである。人として為すべきこと、為すべからざるを神より命ぜられしものが律法であるが、もし人民がこの律法を守らないならば、預言者はこれを責めたのである。もし我々がこの二つ（律法と預言者）の事実〔の〕外この大なるを奇跡より発見することができないならば、不幸ではないか。しかし、その横にキリストが立っているのを見る。キリストは、即ち、神の律法を守り、預言者の言を成就し給い、正義の根底強き土台の上に立ち、愛の測り得べからざる力を以て、立ち給うのであるからして、いたずらに律法を恐れ給わず、超然として、これに圧迫を感じ給わないのである。学生諸君も、すなわち神の御旨をいかにして行い得るか、いかにすれば神と人とに愛せられ得るか、ということを念頭に置くならば、みだりに校則を恐れる必要はない。したがって、圧迫を感じないであろう。善をなさんとする意志はあるけれども、いかにしてこれを実行するかという点、すなわち正しきを求むる精神を我々すべてが持つならば、そのところに麗しい校風はできあがると思うのである。これによって学校にも怠りなく出席し、校則を守る精神もできあがると思うのである。美しい自治の精神が完成された暁、そのところに初めて、麗しい自由の境地は実現されるのである。また、自由の精神を充分に理解されてから、真の自治は始まるのである。

　我々はこの点について考えて見たい。学生生活というものと、実社会というものとは全く趣を異にし、関連はないもののように思うかも知れないが、これは大なる誤りと言わねばならぬ。我々の学生生活は、即ち、実社会の最初であり、階段であらねばならぬ。それであるから、実社会において、忠実にして正義に富める自然的な人格者というものは、また、学生時代に深くこれを養成せねばならないのである。いかにして敬神愛人の人格

を養成するかというのが、我々教授者の念頭にあり、いかにして規律正しき正義に強き人格者を益々向上せしむるかというのが、我々の平素からの考えであるから、この点についても、学生諸君は共鳴して深く調和してもらいたいのである。かくして養成された学生は、また、社会においても尊敬すべき紳士となるということは、疑うべからざることである。

　余は昨年コロンビヤ大学に席を置いていたが、この大学は、自分のように相当年をとっている者も、若い者も、婦人も席を共にして勉学しているけれども、もし二日以上無届けで欠席したならば、彼らは試験を受ける権利を失うのである。諸君はこれをいかに見られるか。さだめし圧迫のように聞こえるかも知れない。けれども、彼らはこの点に服従して、この大学に席を置いた以上は、彼らは何の圧迫とも苦痛とも感じないで、老若男女ともに勉強に励んでいる。何も圧迫をも感じない、そのところに真の自由はあるのではないか。余はこのところに更に喋々（ちょうちょう）たるを欲しない、諸君のその深い理解力によりて余の心中は容易に了解されると思うのである。

　我々が何ものかの圧迫を感ずる時、我々は、道徳的に宗教的に洗練された自己良心、団体に対する良心の働きによって、これに勝たねばならない、そのところに真の意義はあるのである。実社会において活動せんために今このところに修養されつつある諸君は、他日、諸君の言が常に社会の注目となり、諸君の行動が、社会の模範とならんことを期しつつ、自己に対して、また、学校の存在を尊敬して励まるることを熱望するのである。

（『西南』第 4 号、1923〔大正12〕年 2 月、16 - 18頁）

西南学院の過去と現在

　1916年 4 月、米国南部バプテスト伝道会社の日本における伝道事業として、福岡市大名町105番地を仮に定めて 2 棟の校舎と、土地 2 千 5 百坪を有する学校を青年たちのために開きました。

　この学校を開いた主な目的は、青年たちに知的、霊的の教育を施さんた

めでありました。私どもはこれらの青年が生涯キリスト教の伝道に従事されんことを大変希望したのであります。というのは、現在の日本は完全に教育された牧師を要求していることを私どもは痛感したからです。私どもは最善の教育をなすためには学校を小さくせねばならないとその時にも感じ、今でも感じています。学校の良、不良は、美しき校舎とか多くの学生によって、はかられるのではなく、学校にてなされたいろいろな仕事の程度によってはかられるものであります。

　学校が大きくなるにつれて、広い土地が海岸に近い西新町で得られました。２千５百坪の敷地が１万２千坪に増加し、２棟の校舎も15棟となり、先生の数も12人から50人になりました。105名という生徒数も優に700人を超えてまいりました。私どもは当時、一つの中学しかもっていませんでしたけれども、現在では中学と文科、商科、神学科の３分科を有する専門学校よりなる西南学院を持っています。学院の最初の予算は１万２千円でしたが、ただ今ではおよそ10万円です。勿論、これは校舎を含んでいません。こんなことは皆、日本における米国南部バプテストの信者たち、学院理事会、教職員、学生生徒、父兄、県市両当局、文部省の深切なる御援助と御協力によって初めてできたものであります。私どもは学院を理想に達せしめるために直接、間接努力していられる各自に心から感謝したいものでございます。

　開校当初から、学院の目的は学生生徒に、完全なる教育、特に英語に重きをおき、人格の完成をはかる教育を施すことでありました。しかし私どもは体育又は学生の文学的活動を重要視しないのではありません。私どもは一方に偏した教育を防がんと試みました。私どもは学院の理想にまだまだ遠いものでありますけれども、私どもが倒れないならば、成功の冠は私どもの努力の上にかんせられるだろうと信じているものでございます。私どもはこんな理想が実現されて、より高き理想が立てられるまでは満足されないのであります。10年の間、私どもは多くの問題に衝突したり、あるいは多くの困難に打ち勝ちました。私どもは間違いもしましたが、それを誰よりもひどく悲しみました。しかし、要するに10年間は私どもにとって幸福な年月でありました。なぜでしょう、私どもは諸先生の御指導のも

とに、学院の青年諸君が益々知的に霊的に開発されていくのを見たからです。学院の成功は数字では示されません。卒業生から来る多くの手紙は、学院の感化が社会のあらゆる方面において、感ぜられると物語って、私どもを常に鼓舞してくれます。

　私どもの学院はまだ子供に過ぎません。経験はありませんが希望に満ちています。未来について言えば、私どもはただ日本における最善の学校をつくることが私どもの目的であると言い得るだけです。私どもが最善と言うことは最大とか名声嚇々とか言う意味ではなくて、質において学院が第１位となるというのであります。私どもは、これが高い理想であると実感いたしました。しかし最善の学校は、高く、気高い理想を学生間におこさせる方法で学生を感化し、かつ、同胞に対する奉仕の生涯に彼等を導き入れ得るところの学校であります。奉仕は、理想に到達することを切望せる学院のモットーでなければなりません。知識を与えることのみが確かに西南学院の希望ではありません。私どもは日本を幸福にする為に社会に出て行きたい人々や、なし得らるる最も高い、気高い理想に忠実でありたい人々を教育したいのであります。

　私どもは計画していたところの各学部を創設してしまいました。今後の私どもの仕事は各学部を発展させ、私どもが以前より熱心に教え、学ぶことであります。私どもの現在の計画が知られている範囲内では、私どもは学院に大学部を附設しようとは思っていません。私どもは年毎に現在ある各学部を益々良きものにする為に努力しましょう。教師も学生も各自がなすべく割り当てられた務めを果たして、初めて私どもは成功するでしょう。

　皆さん！　あらゆる方法で、より良き西南をつくるために働きましょう。西南を私どもが誇り得る学校と致しましょう。これはただ皆さんをはじめ、私どもが一致協力することによって達せられます。私どもは学生諸君、教職員諸兄、卒業生諸君が学院の理想実現のために御助けくださることを切望してやまない次第であります。諸君はこれらの人々の一人となりませんでしょうか。確かに私どもは、諸君がその一人として御賛成なされると信じています。

（『西南』第９号、1926〔大正15〕年５月、2-4頁）

SEINAN GAKUIN'S IDEAL

Seinan Gakuin is ten years old. We are sending out our sixth graduating class from the middle school, our second from the college and our first from the theological department in March. Thus we have reached our manhood as a school. The theological department crowns our work as a school.

Ten years ago when we started the middle school department, we had in mind that our graduates would go elsewhere for the college training and then enter the theological seminary in Tokyo. As our work developed, we realized the need of a college department and then a theological department in connection with the school. Whether we shall ever have a university remains to be seen. At the present we have no such idea.

As principal of the school I wish to take this occasion to express my thanks to each teacher, trustee and friend that has helped to make the school what it is. I also wish to express my sincere thanks to the government officials both local and in the central office in Tokyo for the many favors they have shown us. They have always been sympathetic and helpful.

I also wish to thank the students who have helped us to have the school. We are thankful for the two hundred and more graduates we have sent out from the middle school. Some of them have finished our college and seminary course and have gone out or will go out this year to bless Japan. We are also thankful that very few of our graduates have died. Many of our graduates are still studying in higher schools or have gone into business and educational circles. We sincerely trust that all of them are holding fast to the ideals we tried to impart to them while they studied in Seinan Gakuin. Unless they do, our school will not be realizing the mission for which it was established. We came to serve and not to be served. We came to teach young

〔対訳〕

西南学院の理想

　西南学院は10歳となった。この３月、われわれは中学部から第６回生を、高等学部から第２回生を、そして神学科からは第１回生を送り出す。かくして、われわれは、学校として成人に達したと言える。神学科はわれら西南学院が到達すべき最後の教育機関である。

　10年前、中学部を創設した時に、本校の卒業生はよそで高等学部の教育を受け、そして東京にある神学校に入るだろうと考えていた。学院が充実するにつれ、われわれは学院には高等学部が必要であり、そしてその受け皿として神学科が必要であるとの認識に至った。大学をつくるかどうか、今のところ未定であり、現在の時点ではそのことは考えていない。

　校長として、私はこの機会に学院を今日の姿たらしめてくださった教師、理事、支援者の各位に対し謝意を表したい。また、われわれに対して数々の厚意を寄せてくださった当地の、また東京にある中央政府の役人の方々にも心からの感謝の念を表したい。これら政府関係者は常に好意的で、惜しむことなく援助の手を差し伸べてくださった。

　また、学校の働きを助けてくれた学生諸君に対しても感謝をしたい。われわれは、中学部を巣立っていった二百余名の卒業生のことも感謝している。その中には、学院の高等学部、神学科を終えた者、またこの３月に卒業を控えている者たちもいるが、彼らは福音を携えて日本を祝福する働きに就くのである。卒業生のうち、亡くなった者が非常に少ないことも感謝すべきことである。卒業生の多くは、まだ上級の学校で学んでいるか、または、すでに実業界、教育界に入っている。われわれは諸君がすべて、西南学院で学んでいる間にわれわれが与えようと努めた理想にしっかりと立っていることを心から信じている。もし、そうでなければ、わが学院はその創立の使命を果たしていないことになるであろう。われわれが来たのは、仕えるためであって、仕えられるためではなかった。われわれが来たのは、青少年に対していかに仕えるかを教えるためであった。もし学院の卒業生が在学中にこの大いなる教えを学ばないとすれば、彼らは学院の主

Ⅰ　チャールズ・ケルシィ・ドージャーの生涯　87

boys and men how to serve. If our graduates do not learn this great lesson while with us, they have missed the principal teaching of the school. We desire for our students the very best that is to be had in a spiritual and intellectual way.

It has been our purpose through these years to lead them into lives that are filled with high and noble ideals. No student who graduates from Seinan should be satisfied with anything short of the best. I plead with our graduates to maintain the ideals as taught them by our school. I realize the struggle that is before them, but to win is worth all it costs. The world will never be better than our ideals.

The great mass of humanity is seeking to satisfy its passions. We should live above that plane. Young men, lift up the world. Do not let the world drag you down to its level. Remember the story of the carp which swims up stream. The life that is worthwhile requires effort.

"God helps them who help themselves," someone has said. God wants to help you if you will only let him do so.

Some of you remember the story I told you of the man with the muck-rake. He was so busy raking in the muck that he failed to see the shining star just above his head. Do not let business engross your time so much that you will not have time to see the sunshine of God's love and grace above your head. Do not get too busy to cultivate the religious side of your nature. If you neglect your spiritual life, you will fail in life.

I long to see each one of you living a life of victory, meaning and happiness. This kind of life only comes by cultivation of the whole man namely, spiritual, mental and physical. To neglect any one of these means an imperfect man and an imperfect life. Do not forget our ideal!

（西南学院中学部『学友会雑誌』第 9 号、1926〔大正15〕年 3 月）

要な眼目たる教えを学んでいないことになる。われわれは、生徒たちが霊的にもまた知的にも、獲得できる最善のものを得て欲しいと切望しているのである。

この10年間、われわれの目的は生徒たちを高邁な目的にみちた生涯へと導くことであった。西南学院を卒業する者は誰も、最善ならざるもので満足してはならない。私が卒業生に強く訴えたいことは、学院が教えた理想を失わないように、ということである。彼らの前途に苦闘があることは分かっている。しかし、それはあらゆる犠牲をはらってでも勝つ価値があるということも分かっている。この世が、われわれの理想にまさることは決してないのである。

人間社会の大部分は、その欲望を満たすことを求めている。われわれは、その水準より高いところで生きなければならない。若き諸君——この世を引き上げよ。この世が諸君をそのレベルにまで引き下げることを許すな。流れに逆らって上流へと泳ぐ鯉の話を忘れるな。生きる価値のある生涯に努力は必須である。

「神はみずから助くる者を助く」という言葉がある。諸君がただ神にまかせるならば、神は諸君を助けることを欲し給うのである。

諸君の中には、私が語った金儲けに熱中する者の話を覚えている人もあるだろう。彼は金儲けに忙しくしているあまり、すぐ頭の上で輝いている星を見そこなったのである。仕事が忙しくてあまりにも時間をとられ、頭上に神の愛と恵みの日光が輝いているのを見る時間がない、などということがないように。諸君の中にある宗教的な側面を養う暇もないほど忙しくしてはならない。もしも霊的な生活をなおざりにすれば、諸君は人生の敗者となるであろう。

私は、諸君がみな勝利と意義と幸福に満ちた生涯を送ることを願っている。このような生涯は文字通り、宗教的、知的、身体的に欠けるところのない包括的人格の涵養によってのみ可能となる。これらのうち、どの一つをもなおざりにすることは、不完全な人間、不完全な生涯を意味する。西南学院の理想を常に心に留めるように。

ADDRESS DELIVERED AT THE FIFTEENTH ANNIVERSARY OF SEINAN GAKUIN. C. K. D.[1]

Mr. President, Members of the Faculty and Young Gentlemen:

I appreciate the kindness of the Committee arranging for today's program in inviting me to speak to you about the beginning of our beloved school. I am not at all sure that I shall able to do justice to the occasion, but as I had the privilege of representing the Japan Mission of the Southern Baptist Convention in laying the foundations of Seinan, I am supposed to know something about the history of this school. Let me state in the beginning that I do not claim the credit for the beginning of Seinan Gakuin. Seinan was born as the result of a deep conviction in the hearts of a large number of the members of the Japan Mission that we must educate young men to be preachers of the Gospel of Jesus Christ as well as laymen who should stand by the preachers in their work. Nor was I the one first selected to represent the Mission in laying the foundation for Seinan. Rev. J. H. Rowe[2] was assigned this task, but when it was doubtful whether he would return to Japan from America, because of the illness of Mrs. Rowe, the Mission asked me to assume the responsibility. A Board of Trustees was elected to assist me in making plans and in electing a Principal for the school. Here in the beginning I wish to acknowledge my gratitude for the hearty support of the members of the Board of Managers and the members of the Japan Mission and the pastors

---

[1] Missionary J. R. Gellerstedt gave Pastor Edamitsu Izumi a copy of *The Baptist Convention, 1860-1940*. This publication included C. K. Dozier's address given in 1931 in which he states that Missionary J. H. Rowe had proposed the name of "Seinan Gakuin" and that Dozier himself had designed the school insignia. This was the first confirmation of the origin of the school name and insignia, as school records until this time had stated that the origins were unclear (*Seinan Gakuin Nanajyunenshi*, I : p.283). This was a major contribution to the archives of the school.

[2] John Hansford Rowe (1876-1929) was the founder of Seinan Jo Gakuin (Seinan Women's College) and served as a missionary in Kokura from 1906 until 1929.

〔対訳〕

西南学院創立15周年記念に寄せて[1]

学院長、先生方、若い学生諸君

　本日、私たちの愛する学校の創設について話すために、私を招いてくださった委員会の皆様のお心遣いに感謝申しあげます。本日の式典で話をするのに、私が相応しいかどうかはわかりません。しかし、西南学院の基礎を据えるにあたり、当時南部バプテスト連盟宣教団を代表する立場にありましたので、この学校の歴史についていくらか述べることができると思います。まず、最初に申し上げますが、西南学院創設の功労者は私ではございません。西南学院は、イエス・キリストの福音の伝道者たるべく若者を教育し、かつ伝道者の傍らに立ちその働きを支える信徒を育てたいという、日本宣教師社団の多くの方々の心にある深い確信から誕生したのでございます。さらに西南学院の創立にあたり、私は宣教師社団から選任された最初の代表者でもございません。最初は、J.H.ロウ牧師[2]がこの任に任じられました。ところが、御夫人の病のため、米国から日本に帰ることができるかどうか定まらず、宣教師社団は私にその責任を担うことを求めました。学校開設の計画立案と校長を選ぶにあたり、私を助けるために創立委員会が選任されました。最初に、この場をかりて運営委員会の皆様、日本宣教師社団の皆様、西部組合の教会と牧師の皆様の心からなるご支援に対し感謝を申し上げます。さらに私は、米国バージニア州リッチモンドの外国伝道局への恩義をいつも忘れたことはありません。そのほか、福岡市と福岡県、ならびに政府の関係者の方々は、たいそう親切で思い遣りがございました。

---

1 ）J. R. Gellerstedt 宣教師が枝光泉牧師にくださった史料 *THE BAPTIST CONVENTION* 1860 -1940より。C. K. ドージャーがこの挨拶をしたのは1931年である。西南学院という校名の提案者はJ.H.ロウであり、西南学院の校章（モノグラム）は、C. K. ドージャーの考案であることが語られている。この二つは今まで明確でなかったようである（『西南学院70年史 上巻』283頁）。学院創立前後の様子を知る上で貴重な資料である。

2 ）John Hansford Rowe（1881-1976年）。小倉で伝道の働きをし（1906-29年）、西南女学院を創立した。

Ｉ　チャールズ・ケルシィ・ドージャーの生涯　91

and churches in the Seibu Kumiai. Also I am under lasting obligation to the Foreign Mission Board of Richmond, Virginia, U. S. A. Then the Officials both of Fukuoka City and Prefecture and the central government were very kind and considerate.

Our first task was to select a suitable man to be Principal. We decided to ask Inohiko Jo, a graduate of the Kyoto Imperial University, and at that time dean of Tamana Middle School, to become Principal. He accepted our offer. Then the matter of selecting a name for our school was considered. We requested the different churches of the Seibu Kumiai to suggest names and also our missionary friends. Seinan Gakuin was suggested by Rev. John H. Rowe who had returned to Japan before our school began. He suggested Seinan as there was Tohoku Gakuin in Sendai and Kwansei Gakuin in Kobe and so would finish the chain of Christian schools from northeast to southwest, Japan. The Board of Trustees were glad to accept the name suggested. I drew the model for the monogram of our school. Visits were made to many of the Christian schools in Japan from Nagasaki to Sendai. On parts of the visits I was accompanied by Rev. C. T. Willingham,[3] for whom this school has since been made a memorial, and on part of the trips by Mr. Rowe.

After thorough investigation we wrote the Foreign Mission board that if they would grant us ¥100,000 for equipment and promise us ¥12,000 per year for running expenses we should be able to establish a first class middle school for the Japan Mission. Little did we dream the great world war would cause prices to rise sky high. Since then, of course, our plans have changed to include a college and theological department, but we have put in nearly seven times as much for equipment and each year as we asked for the Foreign Mission Board and four times as much for running expenses.

---

3) Calder T. Willingham (1879-1918) was born in Georgia and served as a missionary in Kokura (1902-07, 1911-18).

私たちの最初の仕事は校長に相応しい人の選任でした。私たちは、京都帝国大学を卒業され、当時玉名中学校の舎監であった條猪之彦氏に、お願いすることにしました。條氏は私たちの申し出を受けてくださいました。それから、校名の選択が検討されました。私たちは、西部組合に属する諸教会や、宣教師の友人たちにまで校名の提案をお願いしました。西南学院という名前は、学校開設の前に日本に戻られたジョン・H.ロウ牧師の提案でございます。彼の提案は、仙台に東北学院、神戸に関西学院があるから、西南学院と名付ければ、日本の東北地方から西南地方にかけてキリスト教学校という鎖が完成する、というものでした。創立委員会は、喜んでこの名前を採用いたしました。私は、学校の校章のひながたを描きました。日本中、長崎から仙台まで多くのキリスト教学校を訪れました。訪問の際は、C．T．ウィリングハム師[3]が私に同行してくださいました。そのような理由から、本校はウィリングハム師を記念した学校となっています。またロウ師も旅行に際し、一部同行してくださいました。

　十分な調査を終え、私たちは外国伝道局に手紙を書きました。それは、伝道局が10万円の設備費と毎年１万２千円の経常費を約束してくださるなら、私たちは日本伝道のために第一級の宣教師社団の中学校を開校できるというものでした。しかし、私たちは世界大戦が物価の高騰をもたらすなどとは、夢にも思っていませんでした。それ以降、勿論のこと、高等学部と神学校の開校も含めて計画を変更しました。しかし、外国伝道局に申請した金額よりも、設備費の毎年の実額は約７倍となり経常費は４倍になりました。

　校長の給与の月100円を除けば、一番高い先生の給与は月60円でございました。体育の先生は月21円で勤務されて、その給与で５人の家族を養っていかなければなりませんでした。

　私たちは選ばれた校長と一緒に、福岡県に学校の設立認可を申請しなが

3）Calder T. Willingham（1879-1918年）。ジョージア州出身。宣教師在任（1902-07、1911-18年）。小倉で伝道の働きをした。

Aside from the Principal's salary which was ¥100.00 per month, the highest paid teacher received ¥60.00 per month. The teacher of athletics was engaged at a salary of ¥21.00 per month and he had a family of five for whom he had to provide.

With the Principal selected, we began a search for teachers and put in our request to the Prefecture for permission to open the school. In the former Mr. Jo was chiefly concerned while in the latter Prof. T. Kawakatsu,[4] who was at that time a teacher in the Fukuoka Baptist night school, was invaluable aid. Also we are greatly indebted to the dean of the Shuyukwan for his timely advice. We had an expert to draw up a financial scheme for the school to be presented to the Prefectural Office.

But when January of 1916 came we were informed that newly elected Principal Jo was ill and his doctor had advised him to enter the hospital at Tsuyazaki with the assurance that after three months in that institution he would be able to assume his responsibilities as Principal of our school. Prof. Kawakatsu and I made many trips to Tsuyazaki to consult about teachers. Many questions came up that had to be answered for the benefit of the City and Prefectural Officers.

On February 15th, 1916, the Governor of Fukuoka granted us permission to open Seinan Gakuin. In the meantime with the assistance of Principal Jo we had selected a faculty of nine Japanese teachers and so we were ready for the opening of Seinan Gakuin in April. Prof. Furusawa[5] is the only teacher of that faculty who remains with the school today.

One hundred and five students were admitted and on April 11th, 1916, we held the opening ceremony of the school. Principal Jo was able to attend this ceremony and everything went off smoothly. One member of the Mission who was present that day said, "This is the healthiest baby to which the Japan

---

4) Assumed to be Torao Kawakatsu who taught English (1916-1931). (*Seinan Gakuin Nanajyunenshi* I : 279)

5) Masao Furusawa who taught Japanese (1916-1934).

ら、教員の採用にかかりました。初代校長條氏は、これら設立認可に必要な一切の事柄を心配しておられました。当時福岡バプテスト夜学校で教鞭を取っておられ、後に本学に移られた川勝教授[4]は、その後この件で非常に重要な働きをなさいました。また、私たちが今日あるのは、修猷館の校長先生による折りにかなった助言の故であります。さらに私たちには県庁に提出するための学校の財務計画を作り上げる専門家がいらっしゃいました。

ところが、1916年1月、選任されたばかりの條校長が病気であり、3カ月入院すればまた校長としての責務を果たし得るという確信があるので、医者が津屋崎にある病院への入院を勧めているとの報告を受けました。教員について相談するために、川勝教授と私は幾度も津屋崎に條氏を訪ねました。県や市の関係部署の承認を得るために解決しなければならない多くの問題が浮上してきました。

1916年2月15日、福岡県知事から西南学院設立の認可が下りました。條校長の助けを受けながら9人の日本人教師を選任し、西南学院を4月に開校する準備が整いました。その当時から本校におられる先生は、今となっては古澤教授[5]お一人です。

105人の学生の入学が認められ、1916年4月11日、西南学院の開校式を行いました。條校長も開校式に出席することができて、全てがスムーズに進みました。当日開校式に出席した宣教団の一人が「これは、これまで宣教師社団が産み出したものの中で、もっとも良いものですね」といいました。皆が幸せそうでした。

しかし、病が襲ってくるのも物事の常であります。この生まれたての赤ん坊は、慎重な保育を要したのです。條校長のご健康は、回復するどころか悪化の一途を辿っているという衝撃が待っていました。春の学期期間中、條校長が学校におられたのはたった3回でした。7月にはご退職になり、経験のまったく無い私が残されて、学校運営に最善を尽くす羽目になりま

---

4) 英語を教えた川勝虎雄と思われる。在任、1916-31年（『西南学院70年史 上巻』279頁）。
5) 古澤正雄は国語と修身を教えた。在任、1916-34年（『西南学院70年史 上巻』279頁）。

Ⅰ　チャールズ・ケルシィ・ドージャーの生涯　｜　95

Mission has ever given birth." Everybody was seemingly happy.

But as is often the case, illness comes. The new babe requires careful nursing. A shock awaited, for Principal Jo's health instead of improving grew worse. He attended school only three times during the spring term. In July he resigned and left me, who had no experience, to do the best I could to manage the school.

Immediately, the Board of Trustees began to search for a suitable successor to Principal Jo. They approached four different men, all graduates of the Imperial University of Tokyo. One agreed to accept our offer, but was persuaded to reconsider by those with whom he was working so did not come. Another man promised to consider our offer favorably, but in the meantime died. In February, 1917, after repeated attempts to secure a suitable Japanese Principal without success, I was elected Principal, which position I held until July 1929.

Principal Jo's resignation was a severe blow, but it was only one of many. After having had a full understanding with the Foreign Mission Board in Richmond that we should be forced to secure larger quarters in 1917, imagine the shock that came to me when I received a letter from Dr. J. F. Ray[6] that the Board could not send us any money to buy land and erect buildings during that year. After reading this letter I was unable to sleep at nights. I spent much time in prayer. I remember well how I fell upon my knees in the Principal's office and poured out my soul in prayer to God to deliver us from the shame that would be ours in case Southern Baptists did not send us money. I not only prayed, but I wrote a letter to Dr. J. F. Ray, who was at home on furlough that year, telling him of our need and the desperate condition we were in. Fortunately, he received my letter shortly before the meeting of the Southern Baptist Convention at New Orleans, and so when he attended that Convention he presented our cause to the Convention and the

---

6）Dr. J. F. Ray (1872-1967) was born in Mississippi and served as a missionary (1904-1942) in North Kyushu, Fukuoka, and Hiroshima.

した。

　理事会は直ぐに、條校長の後任に相応しい人を探し始めました。理事会は東京帝国大学卒の4人の方に話を進めました。その中の一人が申し出を受けてくださいましたが、同僚から考え直すように説得され、結局は本校に来てくださいませんでした。別のお一人は、好意的に私たちの申し出を考慮することを約束しましたが、そのうちに亡くなられました。1917年2月、適切な日本人の校長を見つけるという試みが何度も失敗し、私が校長に選ばれ、1929年7月まで校長を勤めたのでございます。

　條校長の辞任は深刻な打撃でありましたが、それは氷山のほんの一角でした。西南学院は、1917年にはさらに広い敷地を確保するよう求められており、それに関してリッチモンドの外国伝道局との間に十分な合意が交わされていたのですが、その後、J.F.レイ博士[6]がくださった手紙から、私が受けたショックを想像してください。手紙には、伝道局は西南に対し、年内に土地を購入し建物を建てる費用を送ることは一切できないとありました。手紙を読んだ後、眠れないことが幾夜もございました。私は長時間の祈りを捧げました。はっきりと覚えていますが、私は院長室で膝まずき、魂を注ぎ出して神に祈ったのでございます。南部バプテストから資金が来ない場合、私たちをその恥から救い出してくださるようにと。私は祈るだけでなく、J.F.レイ博士に手紙を書きました。彼はその年、休暇でアメリカにいらっしゃいました。私はその手紙の中で、支援の必要と私たちの絶望的な状況について記しました。幸いにも、レイ氏はニューオーリンズでの南部バプテスト連盟年次総会の直前に私の手紙を受け取り、その集会で私たちの状況を議場で明らかにしたところ、連盟総会に出席していた信徒たちは6000ドルの献金を募る約束をしてくださいました。その送金が確実となり、私たちは胸をなで下ろしました。そのお金と大名町の所有地の売却金を併せれば、新しい土地を購入して、新しい建物1棟を建てることが

6）J. F. Ray（1872-1967年）。ミシシッピー州に生まれた。宣教師として、北九州、福岡、広島において伝道の働きをした（1904-42年）。

laymen of the Convention promised to raise $6,000.00 for us. With this money assured, our hearts were relieved, for with it in addition to what we should realize from the sale of the Daimyo Machi Property we would be able to buy new land and erect one new building. This was cabled to Treasurer J. H. Rowe on May 23rd by Dr. J. F. Ray.

But because of the delay, rumours had been going around that our school probably would not succeed as a certain private school which was started a few years before ours was facing financial embarrassment and would be closed. Seinan would probably have to close also, they thought. As a result of delay in announcing our ability to move forward the second year of our school, the number of applicants was very much smaller than the previous year. Only sixty-four applied for entrance into our school. Our best students were trying to enter government schools.

But the money came and we were able to move out to the present site, Nishijin Machi. In the meantime, Mr. Rowe had been asked to come to Fukuoka and help in the school. We had practically agreed to buy the land which lies between our school and the sea along with the 6,000 tsubo we bought. At that time we could have secured the land for ¥4.00 per tsubo, but the letter from Dr. Ray made us decide to buy only half the plot.

I well remember the difficulties we met when we began to erect the first classroom building. Mr. Rowe was in charge of the building. Prices were soaring. We had several contractors to put bids. One was much cheaper than the others, so we promised him we would give him the contract, but when he came to sign the contract he said he had left out a very important part of the timber and so asked us to allow him to increase his amount. We then found that there had been an agreement among several of the men to trick us. So we gave the contract to a man with whom we had dealing formerly. But prices continued to rise. Nails were omitted. Tiles were not put on the roof accord according to contract, etc., etc. [The English spelling of Japanese names and words are as in the original document.]

できるのです。この知らせは、5月23日に、J.F.レイ博士から会計のJ. H.ロウのところに電報で知らされました。

　ところが送金の遅れのため、数年前に私立学校として開校した我々の学校は立ち行かないであろうし、経済的な行き詰まりに直面して、閉校になるのではないかという噂が広まったのです。西南も恐らく閉校に追い込まれると思われていました。学校が第2年目を迎えることができるという公示が遅れたために、志願者は前年に較べて激減しました。本校の志願者はたった64人でございました。本校在籍の優秀な学生たちは、公立の学校に入学しようとしていました。

　しかし、お金が届き、現在の西新町に移ることができたのでございます。とかくする中、ロウ氏は福岡に来て学校運営を手伝うようにといわれました。私たちは、すでに購入済みの6000坪の土地とは別に、学校と海岸の間にある土地も購入することで、事実上の合意をしていました。当時は、一坪4円の土地を確保していましたが、レイ氏からの手紙により、私たちは計画した区画の半分だけ購入することに決めざるを得ませんでした。

　最初の教室棟を建てるのに随分苦労したことをはっきり覚えております。ロウ氏は、建物の責任者でした。価格が高騰していました。私たちは2、3の請負業者に入札をしてもらいました。ある業者は他よりたいそう安く入札していましたので、その業者と契約を結ぶという約束をしました。ところが契約締結の段になって、とても重要な木材を含めるのを忘れていたので、その分を加算させて欲しいといってきました。その後その業者の数人が談合し、私たちを騙そうとしていたことがわかりました。そこで私たちは、以前に取引をしていた業者と契約を結びました。ところが価格は上がり続けました。釘が打ってなかったり、契約通りに瓦が屋根にふかれてなかったりなど、本当に様々なことがございました。

（日本語の名称と用語の英語表記は原文通り。翻訳：瀬戸毅義）

I　チャールズ・ケルシィ・ドージャーの生涯　99

魂の価値 ── C. K. ドージャーの説教から

「人全世界をもうくるとも、己が生命を損せば何の益あらん、人その生命の代に何を与へんや」　　　　　（マルコによる福音書第8章第36～37節）

今、ある人がこの問題に対して物質が悪いというふうに思うと仮定します。しかし、キリストはこの世の物質的要求を悪いものと教えられたのではありません。体には着る着物が必要であります。体を養うには食物が必要であります。キリストは、ただここに物質のみを大切にして精神のこと、魂のことをおろそかにする恐れをいましめられたのであります。神様は人間に物を用いる才能を与えておられる。これは神が決して物質を軽んじていられないことを示しておるものと思います。

しかし、今日の状態を省みますと、多くの者が物質のみにこだわって、ある者は賄賂を用い、ある者は己が身を楽しませることに汲々としています。今日の人々は学問を授けるところの学校に向かって何を要求しておりますでしょうか。子供に暮らしを立てる方法を教えてくれ、学問そのものは後にして、直接暮らしの役にたたない学問は不用だと思っているところの人々がほとんど全てであります。金を儲ける方法を教えよと言うのであります。あるいは家庭においても、子供を前にいかなる会話が取り交わされていることでしょうか。ただ物質的なことばかりではないかと思います。子供の品性を高め、その人格を磨き、その魂を養うことに注意を払っている人が幾人ありますか。今日では宗教界でさえその傾向を見るにいたったのであります。そしてその反対に、人の魂の救いに関するはたらきは、鈍っていっているのであります。

これは今さら新しく現われた現象でも問題でもなく、世の始めよりこれに類似した有様がずっと続いて来ているのであります。ノアの時代には腕力が人の心を支配しておりました。エリヤの時代には偶像礼拝がもてはやされ、イエスの時代にはローマの勢力が人の注意を喚起し、ギリシャの支

配時代には知恵が何よりも大切なものでありました。ある人は今日の時代を称して金の時代と申します。かくのごとくに昔より姿を変え、言葉を変えて、魂の価値・生命の価値に対しては、これを軽んずる例が多々あったのであります。金そのものが悪いのではない。これを乱用する者がいるから悪いのである。金があって始めて人間は衣食住を買うことができる。船に乗って多くの発見をすることもできるし、金があってキリストの福音を万国に行って伝えることができるのであります。これがなければ病人を癒すこともできず、多くの者に学問を授けることもできません。神御自身、この物質の世界をお造りになって、これを人に与え給うたではありませんか。これはきっとこの物質をよく用いよという思し召しに相違ありません。

　魂の価値については、神は世の始めにこれを実に価値づけておられます。というのは、世の始めに人間を造り給うた時、「我儕の形の如く我儕人を造り云々」とおっしゃいました。形を似せてお造りになったのは、人間の体ではなくて、魂であったのであります。これによって魂の価値をはっきり知ることができます。善悪をわきまえる力も、道理を悟るはたらきもみな魂に属するものであり、神の御摂理を充分に理解するのも、神と交わる歓びを感ずるのも、みな魂であります。魂がどれ程尊きものであるか、悪魔はこの魂を己が所有となさんとし、いかに苦心していることか、昔より天との戦いはここにあり、その争いは一番激しいものでありました。しかし、全てのものに勝って、魂の価値をあらわしているものはキリストの払い給うた価であります。「なんぢらが先祖等より伝はりたる虚しき行状より贖はれしは銀や金のごとき朽つる物に由るにあらず、瑕なく汚点なき羔羊の如きキリストの貴き血に由ることを知ればなり」（ペトロの手紙一第1章第18～19節）。また、「それ神はその独子を賜ふほどに世を愛し給へり。すべて彼を信じる者の亡びずして永遠の命を得んがためなり」（ヨハネによる福音書第3章第16節）。この迷える魂のためキリストは永遠の栄光を捨ててこの世にお下りになり、その尊き生命をまで犠牲にされたのであります。魂は決して体と共になくなるものではなく、永遠に至るまで生きているもので

あります。

　けれどもこのような尊い魂を失う恐れがあります。それは即ち神の御前から離れることであります。神と人間との縁を切る時にほんとうの淋しさを感じるのであります。この連絡を切るならば真の歓びも安心もありません。

　「狭き門より入れ、滅びにいたる門は大きく、その路は広く、之より入る者おほし。生命にいたる門は狭く、その路は細く、之を見出すもの少なし」

（マタイによる福音書第７章第13～14節）

　「汝ら知らぬか、正しからぬ者の神の国を嗣ぐことなきを」

（コリントの信徒への手紙一第６章第９節）

　「われ汝らに告ぐ、然らず、汝らも悔改めずば皆おなじく亡ぶべし」

（ルカによる福音書第13章第３節）

　「まことに誠に汝らに告ぐ、人あらたに生れずば神の国を見ること能はず」

（ヨハネによる福音書第３章第３節）

　「まことに汝らに告ぐ、もし汝ら翻へりて幼児の如くならずば、天国に入るを得じ」　　　　　　　（マタイによる福音書第18章第３節）

　「我ら斯のごとく大いなる救を等閑にして争でか遁るることを得ん……」

（ヘブライ人への手紙第２章第３節）

　「あしき人は陰府にかへるべし、神をわするるもろもろの国人もまたしからん」　　　　　　　　　　　　　　（詩編第９編第18節）

　「主人、僕に言ふ『道や籬の辺にゆき、人々を強ひて連れきたり、我が家に充しめよ』」　　　　　　（ルカによる福音書第14章第23節）

　これらの聖句により、神は人間をどれ程愛し、安全な道に連れゆかんと手を尽くしておられることであろう。人間の魂は全世界よりも尊く、よし全世界を得ようとも己が生命を失わば何の益あらんやであります。あの栄耀栄華を尽くしたソロモン王は、あらゆる方法をもって己を喜ばせ、満足

せしめようとしたのでありますが、その王の生涯の終わりはどうでしたか。彼は叫びました「空の空なるかな、すべて空なり」と。聖書をひもといて見ますと、肉体的な利益を求める者についての多くの例が記されてあります。アダムのこと（創世記第3章）、カインとアベル（創世記第4章）、ロト（創世記第13章）、アカン（ヨシュア記第7章）、ペルシャザル（ダニエル書第5章）、イスカリオテのユダ、アナニアとサッピラ（使徒言行録第5章）、富める者（ルカによる福音書第12章）、全て肉体的の利益を考える者の最後のいかに悲惨であったかを知るのであります。

ウィリアムズ・カレッジの校長 Mark Hopkins〔マーク・ホプキンス〕がある時申しました。「あなた方の中に一ミリオンダラーとあなたの視覚力とを替える者がありますか。同じく聴覚力と一ミリオンダラー、臭覚力と一ミリオンダラー。ある者は替えるとおっしゃるかも知れません。しかし、この三つのもの全てと一ミリオンダラーとお替えになる方がありますか。これには皆さん躊躇して、ものを持つよりも、あることの大切なことにお気づきになりましょう」。全ての感覚を失って金を得たとて何になりますか。ここにおいて魂の価値、生命の尊さがはっきりわかってくるのであります。

（『ドージヤー院長の面影』23-27頁。この説教は、ケルシィが神に召される前、北九州の方々の教会で最も多く行った説教である）

Ⅰ　チャールズ・ケルシィ・ドージャーの生涯　103

II
モード・バーク・ドージャーの生涯

1 サザン・バプテスト神学校時代、チャールズ・ケルシィ・ドージャーとの出会い

　モード・アデリア・バーク（Maude Adelia Burke）は、1881（明治14）年9月18日、ノースカロライナ州ステーツヴィルの弁護士H.バーク（Harry Burke）とその妻アデリア（Adelia）との間に生まれた一人娘であった。父は長老教会に、母はバプテスト教会に属していた。母の深い伝道心は、娘の魂に大きな影響を与えることになり、彼女は10歳の時、同市の第一バプテスト教会でバプテスマを受けた。

　モードは、ステーツヴィルの女子教育機関（Female College）、同州アシュヴィルの高等師範学校（Normal and Collegiate Institute）、ラレイにある女子バプテスト大学である現在のメレディス大学（Meredith College）に学び、1903（明治36）年、B.A.（文学士）の学位を受けて卒業した。そして、その年、サザン・バプテスト神学校と相並んで設置されていた附設のTraining School（女子部）に学ぶことになった。彼女はカレッジ時代から聖書研究会のリーダー、YWCAの会長として活躍しており、やがて外国伝道への献身に導かれることになったのである。

　1903年5月、チャールズ・ケルシィ・ドージャーはマーサー大学を卒業後、サザン・バプテスト神学校に入学し、その後数日してから、二人はケルシィの友人の家で初めて出会った。

　モードは、神学校随一の才媛で、男子学生の憧れの的であった。しかし、彼女は並

モード・バーク、22歳
（1903〔明治36〕年）

み居る秀才の求愛を退け、いわばカントリー・ボーイのケルシィを選んだのである。その後、ケルシィはモードに求婚し、二人は婚約することになるが、ケルシィからの求婚を受けた時の喜びが当時のモードの日記に綴られている。

　　学校から帰って来た私の人生は、突然、現実から理想へと変わった。ケルシィの妻として、この先、私の愛と人生を捧げる決心をした、あの一瞬に変わったのだ。
　　「ぼくには、貴女の愛が欲しい」
　　「私の愛は、もう貴方に捧げています」
　　「主よ、ケルシィとモードに永遠なる幸せを」

　1905（明治38）年６月６日、モードはケルシィと結婚した。当日の結婚式の様子が次のように伝えられている。
　ステーツヴィルにおける６月６日の午後６時、花嫁の父であるハリー・バーク氏の自宅において彼の娘であるモード嬢のホームウエディングが行われた。数人の友人と親戚が出席しただけの、簡素であるが素晴しい結婚式が厳かにとり行われ、彼女はジョージアのドージャー牧師の花嫁となった。
　居間は白と緑の配色で美しく飾られ、沢山の切り花と鉢植えが上品に配置されていた。室内は暗くされ、キャンドルの灯りが効果的であった。
　第一長老教会のオルガン演奏者サイデル嬢の奏でる素晴しいメンデルスゾーンのウエディングマーチの調べのもと、最初に第一バプテスト教会のC.A.ジャンキンス牧師とC.M.リチャード博士が、次に介添人のマーガレット・ターナー嬢とガートルード・スワン嬢が手に白い花束を持って続いた。ジェンキンス牧師は白と緑のシダとヤシで即席に設えられた美しい祭壇の前に立ち、そこで花嫁と花婿の入場を待った。介添人の後からは花婿が兄エドウィン・ドージャー氏と共に、代わって花嫁は兄のフレーク・

バーク氏と共に入ってきた。

　花嫁は純白のブライダルヴェールにオレンジの花をつけて白いルイジーンのシルクのドレスを纏い、バラとアスパラガス、シダの花束を手にしていた。花嫁バーク嬢は慣例どおり花婿の手の上に自分の手を重ね、ジャスミンの美しい花の前に立って、二人は誓いの言葉を述べた。その後、心のこもった祝辞が述べられた。式が終了し、出席していた友人たちにより若い二人にお祝いのシャワーが浴びせられた。参列者は祝宴のため淡いピンク色に上品に飾られた食堂へと案内され、A. J. エヴァンス夫人、C. A. ジャンキンス夫人、ジョン・ボールス夫人たちにより楽しい軽食がふるまわれた。

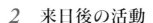
2　来日後の活動

　二人は、1905（明治38）年9月、日本派遣の宣教師として長崎に到着し、10月に福岡市の宣教師館にひとまず落ち着いた。

　さて、戦前の男性宣教師の妻は「補助宣教師（assistant missionary）」と位置づけられ、伝道活動の中心的な役割を担う夫を支え、家事を切り盛りすることなどその働きが限定されていた。また宣教師本来の伝道の働きにおいても、女性や未成年者を対象にした活動に限られていた。当時妻である宣教師は、今日考えられているような正式な宣教師としては扱われておらず、そのため、彼女らの履歴、略歴、活動内容の詳しい記録はあまり残されていない。しかし、その中でも豊かな才能を持った女性宣教師たちは、活動の範囲を限定されていたとしても、その働きを通して日本の社会に大きな影響を与え、活動の内容が現在まで伝えられている。モードはそのような女性宣教師の一人であった。

西洋料理や英語の講習会

　モードが来日した当時、都市化の進展に伴い、九州各都市に集まる婦人の数も増加していた。そのため、彼女たちを対象にした女性宣教師たちの活動も活発に行われるようになった。

　福岡では、福岡バプテスト夜学校を中心とする教育と伝道の活動と関連して、モードをはじめ宣教師の妻たちも日本女性のために西洋料理や英語の講習会を始めた。その会場としては、夜学校の校舎やその付近の宣教師館が用いられていたが、これらは歓迎されて、40〜50人の婦人たちが集まった。その活動を通して、宣教師やその妻たちは、家庭の内に新しい社

モードによる女子教育。左：英語教室、下：料理教室（1913〔大正2〕年頃）

会にふさわしい幼児教育の機関が熱望されていることを汲みとっていた。

舞鶴幼稚園の開設

　このことから、教会を基盤とする幼児教育の推進が自然に生み出されていき、1913（大正2）年に舞鶴幼稚園の開設（福岡市荒戸西公園下）という形

▶舞鶴幼稚園（福岡市荒戸西公園下）の第1回卒園式。写真左側は、初代園長G.H.ミルズ（宣教師E.O.ミルズの妻）。舞鶴幼稚園の設置にモードも協力、後に園長として経営指導にあたる（1914〔大正3〕年3月25日）

▶舞鶴幼稚園の保育風景（1913-15年頃）

で宣教師夫人たちの活動が最初に結実した。舞鶴幼稚園は、園舎として初代園長となった宣教師夫人G.H.ミルズ（Grace Hughes Mills, 1872－1932年）の宣教師館が使用され、当初の園児は16人であった。この舞鶴幼稚園の設置に協力した宣教師夫人のうちにモードがいて、彼女は後に園長としてこの幼稚園の経営指導にあたることになった。そして、このようなキリスト教幼稚園教育の経験が、後年、彼女をキリスト教主義による保育者養成の機関である西南保姆学院の創立者としての任に導いていくことになるのである。

3　モード・バークと西南保姆学院

　モードは、夫ケルシィの永眠後、再び福岡の西南学院に帰り、長男エドウィンの家族と共に学院構内に住み、以前のように学校では英語を教え、また教会では婦人会連合の指導者として再び教育と宣教の生活に帰った。この時、彼女は52歳であった。

高等学部神学科に女子部開設

　夫の没後、物静かなモードの胸中には、その残された生涯を献げる活動の目標が具体化しつつあった。それは、夫の遺言である「キリストに忠実なれ」を女性として実践する道でもあった。すなわち、日本の家庭と教会のために、確固たる信仰と教養ある女性指導者の養成という目標であった。

　モードのこの目標に動かされて、まず日本バプテスト西部組合の婦人会同盟が組織的に応援した。1934（昭和9）年、西部組合婦人部（婦人会同盟の後身）が、当時地行東町にあった西南学院高等学部神学科に女子部を開くことを決議し、当時、西南学院高等学部（専門学校令による）の組織の中に置かれていた神学科（男子）に、女子学生を受け入れてもらえるよう計画を進めたが、学制の上で専門学校ではまだ共学は認められなかった。やむなく、神学科に附設の「女子部」の形で開設することとし、校舎としては地行東町にあった宣教師館をこれに当てた。1935（昭和10）年4月、同女子部は、教会の婦人部から推薦された4人の女子青年を受け入れてささやかながら発足し、モードは女子神学生の指導に当たった。

厳しい監視下のキリスト教学校

　翌1936（昭和11）年5月11日には、母体である西南学院（中学部・高等学部）は、創立20周年記念式を行い、記念事業として校舎の増築、校庭の拡張などを行った。しかし、日本では、この5年前の1931（昭和6）年9月18日、関東軍の謀略によって口火を切った「満州事変」を契機として、中国侵略の戦火が各地に拡大しつつあった。翌1932（昭和7）年「満州国」建国、翌年3月、日本は「国際連盟脱退」を通告し、以後、国際的孤立化を進み始めた。そして1937（昭和12）年7月7日、ついに盧溝橋で日中両軍が衝突、全面的戦争が始まった（日中戦争）。

　一方、ヨーロッパでは、ヒトラーの指導の下にナチス・ドイツがその軍事力によって勢力を拡大し、1938（昭和13）年には隣国オーストリアを併合、イタリアと提携して、いわゆる「枢軸国家」として国際的危機を引き起こしていたが、遂に1939（昭和14）年9月1日、ポーランドへ侵入を開始、第二次世界大戦が始まった。一方、国共合作（国民党・共産党の提携）による中国民衆の抵抗によって日中戦争は長期化し、わが国の国民生活もきびし

ヘレン・ケラー女史（右から2番目）が、来福の際に宿泊したモード（左端）の宣教師住宅の前で（1937年5月）

い戦時統制下に置かれ、教育・思想活動も軍国主義の狭い枠組みの中に統合されていった。特に、これまで自由主義国家アメリカのキリスト教会の支援の下にあったキリスト教学校および宣教師の活動は、きびしい監視の下に置かれることになった。その一つは、1939（昭和14）年4月8日公布の「宗教団体法」であり、これによってキリスト教も神道・仏教の各宗派と並んで法的基準の下に置かれることとなった。

実現しなかった西南女学院神学校

モードの努力によってせっかく開設を見た神学科附設の「女子部」であったが、女子神学生の卒業後の赴任先が時代状況によって確保が困難となり、モードの理念をどう受けとめるべきか、バプテスト西部組合理事会は、その去就をめぐって検討を続けた。1936（昭和11）年、神学科女子部を女子神学校として各種学校とすることが計画され、1938（昭和13）年から福岡バプテスト女子神学校、さらに西南女子神学校と改称した。同年4月に西南学院高等学部神学科が西南学院より独立し、西南神学院が発足したことに伴い、女子神学校は西南神学院に教育を委託した。同年末、女子神学校を小倉にある同派の西南女学院（5年制高等女学校）に1940（昭和15）年併置する案が定められた。最終的に西南女学院の構内に、その上級の専攻課程として開設する案を決定し、モードにその専攻科長として指導を委嘱することにした。切迫した事態の中、活路を開かれた思いで福岡から小倉へ移り、モードはその新しい任務に取り組んだ。1939年9月末のことであった。

しかし、この計画も推進の段階で思わぬ障害に直面して、断念のやむなきに至った。それは予定地である西南女学院が北九州の要塞地帯を展望できる山の上にあり、そこにアメリカ人宣教師の指導する学校を増設することは認められないという軍部の拒絶に直面したからである。喜びと期待をもって福岡から小倉に移ったモードは、涙と失意のうちに再び福岡に帰ら

中学部ゲッセマネ会（クリスチャン生徒のサークル）
関係の教員、生徒とモード（1937〔昭和12〕年）

ねばならなかった。その頃、モードの側にいて秘書的な任務を担当していた下瀬清子は当時の状況を次のように記している。

　　日本に教養あるクリスチャン婦人を養成する事が、ドウジャー夫人の念願でございました。そして遂にその祈りはきかれて、1939年、アメリカからの援助を得て、女子神学校を建築する事ができるようになりました。ちょうど戦争の機運が濃くなり始めた頃で、外国人の事業一切、色めがねで見られる頃で、官庁に行ってもなかなか事が思うように進みませんでした。
　　場所をどこに決めるかについて、いろいろ懇談した結果、原院長の快諾を得て、西南女学院の一隅に決められました。忙しい数日の片づけをして、夫人の荷物を一杯積んだトラック３台が福岡の西南から小倉の西南に走りました。只今の音楽館に引越されましてから、建築する土地にも目印がつけられ、縄で張られました。そしてこのあたりがチャペルで、このあたりが食堂等と話していたのですが、それもまた時代の影響をうけて、建築不可能となり、３ヶ月の後、また一杯に積み込んだトラック３台は、荷物の重さに加えて、夫人の重い心を積ん

休暇で帰米するモードの送別会（1938〔昭和13〕年）

でまたも福岡に帰って行ったのでございます。

　くじけそうになる気持ちは、いつも祈りと、聖書の御言葉にはげまされ、やっと鳥飼に建築することになりました。一方、学校の方は予定通り開校することになりましたので、地行東町の舞鶴幼稚園側の宣教師館がそれにあてられました。引越の前には手伝いのおばさんたちと一緒になって、石鹸水で一生懸命床まで拭いていられた先生の御姿を思い出します。

（「保専創立当時のＣ・Ｋ・ドゥジヤー夫人」『西南学院創立35周年記念誌』1951〔昭和26〕年、17頁）

西南保姆学院の開設

　西南女学院神学校の計画が実現できなかったため、1939（昭和14）年11月から全く新たな学校を開設する準備が進められた。

　福岡の地行東町の旧宣教師館では、モードが西南女子神学校として数名の女子神学生の指導に当たっていた。しかし、神学関係の授業課目では、

専攻の女子神学生数もおのずから限られる状況であったので、「保育科」を主とする「西南保姆学院」として発足し、より多くのクリスチャン女子青年を集めて実践的な教育を行う計画を立てた。そして長年神戸で保育事業に当たっていた福永津義（活水女学校出身）に白羽の矢が立てられ、E.B.ドージャーが母モードに代わって交渉に当たった。ついに福永は神戸の働きをやめ、福岡に移り、モードを助けてキリスト教保育者の教育に全力を注ぐことになった。この頃のモードの姿は、先に引用した下瀬清子の回想の中に鮮やかに記されている。

　　　毎日ドウジャー夫人はお忙しい中を西新から地行まで通って来られました。その間もやはり西南学院高等学部の教鞭をとられたり、教会の婦人会のため、また婦人部のため本当にお多忙でした。
　　　いつもあの黒い色が日光で赤茶色になったような地味なお洋服を召して、外出して帰られるとすぐに台所に飛び込んで、食事の御準備や、度々のお客様の世話をなさるお姿が尊く思い出されて参ります。あの当時、何度も、何度も開かれた会合のため、ドウジャー夫人宅に集まられた方々は、先生がお忙しい中にもどんなにおいしい御馳走で、皆をおもてなしくださったか御記憶と思います。
　　（「保専創立当時のＣ・Ｋ・ドウジヤー夫人」『西南学院創立35周年記念誌』17頁）

また、その頃のモードについて、彼女の協力者、福永津義の娘・高橋さやか（西南保姆学院第１回卒業生、西南女学院短期大学教授）は次のように記している。

　　　Ｃ・Ｋ・ドージャー夫人は、そのころすでに亜麻色というより銀髪に近い髪でいられた。やせ形のそれほど大柄とはいわれないおからだを黒い服で包んでいられる、その姿からは、鮮かな、おだやかな、やさしさの中に何かしら強さをたゝえた印象を、見る者に与えられた。

Ⅱ　モード・バーク・ドージャーの生涯　│　117

その強さの印象は、あるいは、苦しさを湛えておられる、その印象であったかも知れない。いつも微笑をたゝえておられたが、声をたてて笑われるのをうかがった覚えはないように思う。

（『西南学院55年のあゆみ』1972〔昭和47〕年、100頁）

　こうして、当時は組織の外にあった西南学院関係者も西南保姆学院の設立認可申請のために応援し、その結果、1940（昭和15）年4月5日に設立が認可され、4月11日、最初の入学生7人を迎えて開校式が行われた。修業年限2年間、創立者としてモード、初代院長に下瀬加守牧師、副院長にモード、保育科主任に福永津義、専任教員7人。女子神学校を「西南女子神学塾」と改称し、同校に併置した。校地は、すでに鳥飼に約1000坪余が確保されたが、新校舎ができあがるまで仮校舎として、従来女子神学校として用いてきた地行の宣教師館をあてることになった。10月18日、待望の建築許可が下りた。しかし、時局柄、建築資材はすでに統制下に置かれており、最初の計画から縮小されて、工事は直ちに着工された。しかし、モードは、その建築現場に姿を見せることはなかった。再び下瀬清子の回想記による。

　　地行で勉強を続ける一方、鳥飼の建築は進んで参りましたが、或る事情で外人はその土地を見に来る事もできませんでした。土台ができたとか、だんだん木材が組み立てられて、高くなってきたとか、ただ人の口を通してのみドウジャー夫人はお知りになることができました。せっかく計画された建築の御様子を、一目も見ることができないのは、どんなにお淋しかったことでしょうか。その中、戦争の気運はだんだん激しくなり、ついに先生はすすめられて、日本の土地を離れられるお姿をみな涙でお送りしました。

（「保専創立当時のC・K・ドウジヤー夫人」『西南学院創立35周年記念誌』17頁）

▶西南保姆学院の第1回入学式。前列左から2人目、福永津義、モード、下瀬加守。後列右から2人目、下瀬清子（1940〔昭和15〕年4月11日）

◀西南保姆学院が開設された旧西南神学院校舎（1940年）

▼鳥飼校舎（1941〔昭和16〕年6月）

宣教師の引き揚げと日米開戦

　1941（昭和16）年、日米間がいよいよ風雲急を告げる情勢となり、宣教師もほとんど全員、米国政府の帰国勧告を受け引き揚げる中、モードもE.B.ドージャーと共に、同年4月7日、学院・教会関係者に別れを告げて同月11日に日本を離れた。帰国にあたり、モードは日本における全財産を整理し、帰国のための旅費を差し引いた残余金はすべて西南学院に寄付した。その処分の際に立ち会った当時の専門学校長・杉本勝次は、その時の感銘を次のように記している。

　　戦争苛烈となり御引揚げの時、軽井沢の山荘は西南に寄付せられた。（私と藤井政盛氏の二人は現地に出かけて、その売却に当った）。〔西南学院〕構内の宣教師館にあった家財道具一切はおおよそ評価して代金を差上げたが、神戸で乗船せられた時、切符を買ってこれだけ残りましたからと、残りを送金されて来た。からだ一つでお帰りになった。与えるだけ与えて。嗚呼、心清き人。

　　　　　　　　　（『西南学院大学広報』第48号、1979〔昭和54〕年4月）

　また当時、1933（昭和8）年以来西南学院院長として難局に対応していた水町義夫も、後年、この時のモードの姿を回想して、次のように記している。

　　日米間の関係が悪くなるにつれて、学院の立場が不利になったのは申すまでもありません。配属将校との交渉、年毎の、後には年二回の査閲等は、深い苦心の種でありました。ある年の査閲では、到着するや否や私を面罵して、配属将校は引き揚げさせるとどなった査閲官もありました。また、総合視察と称する、陸海軍、文部総合の視察もありました。そして聖書をやめ、キリスト教の標札を下ろせとも言われ

ました。愛国団の西南学院撲滅運動もありました。そういう騒然たる中にドージャー一家の方々、その他の米人教師は日本を引き揚げられました。まさに十年前の事であります。一緒に博多駅を出発しましたが、いつの間にか憲兵が同行しております。小倉で下車し、自動車で、女学院のドージャー先生の御墓に最後の告別を告げるために墓参に出かけますと、その自動車にもいつの間にか憲兵が同乗しているのです。

　ドージャー夫人は、先生の墓石を抱き、泥にまみれて泣きながら、別れの言葉を告げておられます。それを憲兵は冷然たる態度で、むしろ憎々しげににらんでおります。私はその様子を見て、武士道は地に落ちたるかなと思いました。

　それから御一緒に山陽ホテルで簡単な会食をし、一時頃の汽車で出発なされ、手を振ってお別れしたのを、鮮かに記憶しております。

（「私の院長時代」『西南学院創立35周年記念誌』7頁）

　モード、E.B.ドージャー一家が日本を去ってから約6カ月後、1941年12月8日、日本軍のハワイ真珠湾攻撃をもって太平洋戦争が始まった。

　さて、モードが鳥飼の地に残した西南保姆学院は、その後、院長の下瀬牧師に引き継がれたが、同師の引退後、福永津義が第2代院長として、モードの志を継いで学校の維持経営に努めた。やがてその確固とした少数教育の成果が地域社会からの信頼と支持を受けたが、戦争末期の1944（昭和19）年、学校は当局の指示にしたがって「福岡保育専攻学校」と改称し、教育活動を続けた。

福永津義（1890－1968年）。モードのあとを受け継ぎ、西南保姆学院院長に就任

II　モード・バーク・ドージャーの生涯　　121

4 ハワイでの日本人、日系人への奉仕

　一方、先に帰国したモードとエドウィンの一家は、アメリカ本土には帰らず、日本人、日系人の多く在住するハワイのホノルルに留まって、そこのバプテスト教会の日本語部の組織を通して、日本人への伝道に奉仕した。特にモードは年老いた１世の日本女性に対して、ハワイ・バプテスト・バイブル・スクールのハウス・マザーとしてその生活の介護に当たった。また、日本人グループとの関係を保つために、戦争終了後もハワイ全島を訪問するなどの活動を続けた。

　たまたま、1950（昭和25）年８月、東京大学学長であった矢内原忠雄（無教会派のクリスチャン）は、日本学術会議による任務をおびてアメリカに派遣されたが、その途次、ホノルルに立ち寄った際、西南学院在任の伊藤祐之教授を介してモードを訪ねている。その時の印象を手紙の中で次のように記している。

　　ホノルルにてドージャー夫人を御訪ねいたしました。大へんよろこばれ、短い時間でしたけれども、私も楽しく存じました。（中略）年は取って居られますが、御元気でした。米国婦人の中にも、こういうしとやかな、もの静かな、謙遜な方が居られるとは驚異でありました。

　　　　　（『矢内原忠雄全集』第29巻、岩波書店、1965〔昭和40〕年、360頁）

5　戦後、再び福岡へ

外国人初の西日本文化賞

　1951（昭和26）年4月、70歳でモードはミッション・ボードの宣教師を引退した。そして、戦後いち早く日本への宣教師として東京に在住している長男エドウィン一家のもとへ移り、宣教活動を助けた。「日本は私の故国です。最後まで日本で働きたい」という彼女のたっての願いによって、宣教師引退後の任地（日本）永住が認められたのである。1953（昭和28）年には、夫ケルシィの伝記 *"Charles Kelsey Dozier of Japan. A Builder of Schools."* をアメリカの Broadman Press から出版した（本書に所載）。その後、エドウィンの西南学院への復帰に伴って、一家とともに再び福岡市に移り干隈の地に居を構えた。

　1961（昭和36）年11月3日、1906（明治39）年の来日以来、長年にわたる日

西日本文化賞受賞の祝会。右はE.B.ドージャー、左は杉本勝次（1961年11月25日）

Ⅱ　モード・バーク・ドージャーの生涯

▲モードを迎えて。児童教育科でのの語らいのひと時（1951〔昭和26〕年5月）

◀モードの歓迎パーティ。キャンパス内で（1951年5月）

本での学校教育の振興および教育者、宗教者としての活動の功績により、西日本文化賞（社会文化賞）を受賞した。外国人としては初の受賞であった。受賞にあたって、モードは「今日の受賞にあたって、私がただひとつ残念なことは、日本のために捧げる生命をひとつしか持たないことです。何もできませんが、今後も日本を愛し、日本のために尽くしたいとだけ思っています」と語っている（同年11月3日付『西日本新聞』夕刊）。そして、同新聞

は「ドージャー女史の人生そのもの、人格そのものが不滅の光を放った」とコメントしている。

夫とともに「西南の森」に眠る

　高齢にもかかわらず、日本での献身的な活動を続けていたモードであったが、1964（昭和39）年、病気療養のために帰米し、テキサス州のバプテスト・メモリアル・センター（Baptist Memorial Center）において療養生活を過ごすことになった。当時、西南学院大学短期大学部児童教育科の科長の職にあった村上寅次（後に第13代院長、第6代学長）は、モードの思い出を『児童教育50年の歩み』（西南学院児童教育50周年記念行事実行委員会、1990〔平成2〕年、9頁）に次のように記している。

老齢のためアメリカに帰ることになったモード。神学部干隈校地にて（1964年頃）

　その年〔1964年〕、干隈のE・B・ドージャー先生夫妻のお宅で共に生活しておられたC・K・ドージャー夫人が、老齢で弱られたため、ひとり故国アメリカに帰り静養されることになった。夫人は82歳であった。それは何月のことであったかはっきりと憶えていないが、私は夫人から招かれて干隈のお宅にうかがった。私は夫人のお部屋でしばらくお話した。老夫人は私の西南在学中の先生でもあられたの

で、これまでも親しく接して来た方であった。その時、夫人は児童教育科のことをよろしく頼むといわれた。私は夫人がこの学校の前身である西南保姆学院の創立者であることを思い、とくに私を呼び話されたそのことばの重さを身にしみて感じた。その時、私は科長として、この学校の将来についてまだ何の見通しも持ち得ない状況にあったが、このことはその後、私の忘れ得ない思い出となった。

それから10年の長い曲折を経て、短大児教科は文学部児童教育学科となった。

その後、1967（昭和42）年に、日本政府は勲五等宝冠章をモードにおくった。章は、彼女の息子エドウィン（当時西南学院院長）が代理人として受け取り、テキサス州の母に送られた。

読書をするモード（1965〔昭和40〕年頃）

1972（昭和47）年1月13日、同州のバプテスト・メモリアル・センターで、モードは召天した。最後の病床を見舞った卒業生の鍋倉勲牧師（元西南女学院大学教授）によれば、ほとんど意識の薄れた中で、同牧師の「セイナンガクイン」という日本語に、ナースたちがおどろくほどはっきりと反応したという。90年の生涯であった。同年3月、西南女学院構内にある夫ケルシィの墓の傍らに並んで葬られ、永遠の安らぎについた。

6　モード・バークの人柄

　モードに接した多くの人が共通に述べているように、「物静かでおだやか、聡明で行きとどいた愛情の人」であって、それは夫ケルシィの「天真爛漫、明朗闊達、男らしい男」といわれた「情熱の人」と対照的であった。1927（昭和2）年、文科を卒業し、後に、西南学院中学部の教師となった松井康秀は、学生の頃接したモードの思い出を次のように示している。

> 　先生は静かにスマイル（smile）する人で、決してラーフ（laugh）する人ではなかった。夫君はその反対であったが。そして夫君の蔭となり日向となって働かれた人であった。夫君があのような偉大なる事業を残されたのも夫人の蔭での貢献が大であったからである。先生は、家庭に教会に来る学生や寄宿舎にいる学生を時折招待して紅茶やケーキ等を御馳走して下さったり、テーブル・マナーや遊戯等を教えて下さった。その時は、先生がピアノを弾かれて一同 "One Hundred and One Songs" という歌集の中の歌を一同で歌って別れるのであった。教室のド夫人と家庭のド夫人とは、まるでちがった人という感を私どもはいだいたのである。このご招待の時は先生は、とてもお上手な日本語を使われ、英語は一言も話されなかった。
>
> 　　　　　　　　　　（松井康秀私稿「西南学院文科恩師物語」17頁）

　また、高等学部卒業生の井上精三（郷土史研究家）は、次のように語っている。

> 　当時は先生も生徒も一緒という感じでよかった。ドージャー先生宅に生徒が3〜4人ずつ招待されて昼ごはんをごちそうになったりした。

特に奥様には子供と同じように私たちを可愛がってもらった。でも、出される料理は、こんなことを申上げたら失礼だがジャガイモが多かった。やはり、宣教師の収入は少ないのだなあと学生ながら思ったものだった。

（井上精三・高等学部第1回卒業生／RKB
毎日放送制作「荒野に呼ばわる者」より）

当時、ミッション・ボードから支給される宣教師の給与は乏しかった。ケルシィは、1928（昭和3）年10月20日の日記に次のように書いている。

モードにお金のことを言ったので彼女が心を痛めているのではないかと思う。しかし、家計については、私はかなり悩んでいる。今のサラリーでは我々のなすべき義務を果たしながらの生活には十分とは言えない。

そうした苦しい家計の中で、モードは、夫の必要なものをよく理解し、彼の講義や説教に有益な書物を注文し、書棚を有用な本で満たすように努力したという。そして、夫に相談のため訪れる友人や客人を快くもてなした。また、当時、福岡には、外国人子弟のために英語で教えるという労苦を負わねばならなかった。エドウィンとヘレンは、中学3年の学齢まで、モードの指導の下で、自宅学習を続けた。

娘ヘレンは、後にインタビューに答えて、両親のことを「父は、よく学校なんか始めたなと思うほど、あまり教育者というタイプではなく、むしろ母の方がそうでした。全然違うタイプだけれどバランスがそこでできたわけでしょうね（笑い）。親たちが良かったから感謝です。神様の恵みによってほんとにすばらしいクリスチャン・ホームに育って感謝です」と語っている（RKB毎日放送制作「荒野に呼ばわる者」より）。

生前のモードの口ぐせは、「私は米国人ではありません。25歳の時、私の

128

身もハートも、すべて日本のために献げています。今は、日本人の一人です。私は、いつも"米国人として"日本の人々に話してはいません。私の話は、いつも、日本の一人の平凡なおばあさんとして、日本と愛するすべての方々の末尾にある一老人の意見として、聞いてください。そして、心おきなく私を使ってください」ということであった。そして、謙虚なモードは必ず「もちろん、年ばかりとって、何もできないのですけれど」とつけ加えるのが常であった(『あかしびと』第91号、ヨルダン社、1956〔昭和31〕年10月、2頁)。

モードは、まことに日本人の友であり、日本人の多くの魂の真の師であった。身も心も、そして夫も子供も、西南学院に、そして日本の勃興と挫折と再生のすべての時のために捧げた人であった。

7　モード・バークの遺文

『ふるさとへの道』序文

「主の道を整えよ、その道筋をまっすぐにせよ」（マタイによる福音書第3章第3節）

はじめてたどる人生の道を終着点まで歩み進むためには、いくつかの必要条件を満たす必要があります。何よりまず私たちには明確なゴールが必要です。セネカは言っております、「行きつく港が定まっていなかったら、どんな風も船にとって順風とはなり得ない」。

現在のように数多くのイデオロギーが相争っている世界において、クリスチャンに絶対に必要な条件は、自分が何を信じ、誰を信じ、いかに他人を助けて信仰に導くか、ということを自覚することです。私たちが何を信じているかが私たちの行動を左右するのですから、私たちにとって、真理を知り、そしてそれを信ずることは何よりもたいせつです（ヨハネによる福音書第8章第32節）。それは人間の伝統や教訓に従うことではなく、神の御言のなかに啓示された真理を知り、それに従うことです。これこそ知的な信仰と強力な信念を持つ第一段階であり、それによって私たちは勝利に満ちた生活を、ひとびとのまえに神を証する生活を送ることができるのです。

クリスチャンの神だけが、真に生ける唯一の神なのですから、クリスチャンは、「あなたがたのうちにある望みについて説明を求める人には、いつでも弁明できる用意をしていなさい。しかし、やさしく、慎しみ深く、明らかな良心をもって、弁明しなさい」（ペトロの手紙一第3章第15～16節、使徒行伝第1章第21節：第27章第23～25節、ローマの信徒への手紙第1章第16節）。

教会には、キリスト教という宗教が何を教えているかをよく知らないクリスチャンが数多くおります。今日、クリスチャンにとってもっとも必要なことは神の御言について知識を得ることです。力の弱いクリスチャンや弱い教会に対して神はこういさめておられます。「自分のことと

モード著『ふるさとへの道』

教のこととに気をつけ、それらを常に努めなさい。そうすれば、あなたは、自分自身とあなたの教を聞く者たちとを、救うことになる」（テモテへの手紙一第4章第16節）。

　このささやかな書物は聖書の教えについての本格的な研究書ではありません。読者が起伏の多い人生の険路を抜けて、天なるふるさとの歓喜と平和とに至る道を見いだしてくださるように、ほんの手引きの役をはたそうとするものです。けれども私は、御言のなかに含まれた偉大な教え（教義）のいくつかを学ぶことによって、聖書の教えを知りたい（テモテへの手紙二第2章第15節）という望みが生まれ、また福音を他のひとびとと分かとう（ヨハネによる福音書第20章第21節）という望みも生まれるであろうと期待しております。

　日本では、交通規則を知らぬかぎり、だれも自動車を運転することはできません。これと同じ理由によって、クリスチャンも、神のことを、その特別な属性や必要条件を知らなければ、勝利に満ちたキリストのような生活は送れません（マタイによる福音書第22章第29節、第28章第18～20節参照）。

　読者のみなさんも私も、この世間についての知識ということでは、多くのインテリに及ばないかもしれません。しかし私は、あなたがたが現在のあなたがた自身を超克するために何かのお役に立ちたいという目的でこの本を著わしたのです。力の弱い、心のあやふやな漁師ペテロは自己を乗り越えて神の御言の力づよい運び手となり、五旬節(ペンテコステ)の日には数千人のひとび

Ⅱ　モード・バーク・ドージャーの生涯　｜　131

との心をゆり動かしたのです（使徒言行録第2章第41節参照）。

　私たちは、神がどんな方法で私たちを使おうとお考えになっているか知りませんが、神を信じ（マルコによる福音書第11章第22節）、神のご命令に服することによって、他人にも恵みを与えられるような克服の生活が可能となることを知っております。私たちは絶えず私たちに対する神のご意志を想起する必要があります。神は私たちに言っておられます。「これらのわたしの言葉を心と魂におさめ……これを子供たちに教え……なければならない。そうすれば……あなたたちの住む日数およびあなたがたの子供たちの住む日数は、天が地をおおう日数のように多いであろう」（申命記第11章第18〜21節、テモテへの手紙二第2章第15節参照）。

　今日、私は人生の道を巡礼するひとびとへ語りかけているのです（ペトロの手紙一第2章第11節、ヘブライ人への手紙第11章第13節）。巡礼者の国籍は天国にあって、この世にはないのです。私たちはこの世では異邦人であり、無国籍者なのです。私たちはご殿ではなく、テントにわび住まいをします。ここにはほんのしばらくしか滞在しないのですから。私たちの相続財産や宝ものはかの地にあります。私たちは巡礼の途中、地上のものを数多くは所有しないでしょう。それらはわれわれの旅の重荷になり、さまたげになるでしょうから（ヘブライ人への手紙第12章第1節参照）。

　巡礼者の旅にとってこの上なく大切なことは、正しい道をえらぶことです。あらゆる旅行者にとって、道の選択は肝心かなめの重要性を持っております。なぜなら一方は光の道であるのに、他方は暗闇の道だからです（マタイによる福音書第7章第13〜14節、ヨハネによる福音書第8章第12節参照）。

　神は、志あるすべてのひとびとに新しい生きた道を備えてくださいました。ひとつのふるさとを与えてくださったのです。それは、喜びにあふれた永遠の生命を私たちのものとするために私たちの罪を一身に背負い、ご自身の血を流されることによって、キリストが開いてくださった道です（ヘブライ人への手紙第10章第19〜20節、ローマの信徒への手紙第4章第25節参照）。私たちは新しいよりよい道をとるために古い道をすてるべきです。私たち

が神の公道を通って山に登ると、下の谷あいに、古い、荒れた、つぎはぎの道が見えますが、もうそんな道を旅してみたいとは思わないでしょう。神は新しい道を進めとは強制はなさいません。私たちは自分でえらばなくてはならないのです。ルツ記の第1章（第1章第15～16節、ヨシュア記第14章第15節参照）には、あらゆる文学をさぐっても、これ以上ないというほど美しい物語があります。その物語のなかでふたりの若い婦人が決断をすべき日が訪れてきます。ひとりは神の道を選びます。その道は彼女を貧困と苦難とに導き、やがて富と、神の奉仕における幸福と、世界の歴史における不滅の名とに通ずる道なのですが、彼女はそんなことは知りませんでした。もうひとりの婦人はむかしながらの故郷へ帰る、彼女の国の神々のところに帰ることをえらびました。そして彼女の名は人類の記録からは消えてしまったのです。

　キリストが教会のために備えてくださった道は不朽不滅であります。その道で旅するひとびとはかならず神の導きを得られます。神は語っておられるのです。「わたしはあなたの前に行って、もろもろの山を平らにし、青銅のとびらをこわし、鉄の貫の木を断ち切る」（イザヤ書第45章第2節、詩編第32編第8節参照）。むかしイスラエル人が砂漠の道なき道を渡った時、「イスラエルの家のすべての者の前に、昼は雲の中に火があった。彼らの旅路において常にそうであったが」（出エジプト記第40章第38節）のですが、私たちの道には神のご顕在を示すような難かしい道標は立っておりません。しかし、常に導きは存在しております。それは聖霊です。イエスは、ふるさとへの道をお示しになるために私たちの心のなかに聖霊を送り住まわされたのです。

　この本にはほとんど独創的な内容などはありません。著者はクリスチャンの学びの主食とも言うべき聖書や、かずかずの聖書学者の著書にその大半を負うております。従って、この本の各主題を注意深く学んでくだされば、今日キリスト教会が強く必要としているもの、すなわち御言の真理をより明らかに知ること、の助けになるでしょう。また、それによって、「わ

II　モード・バーク・ドージャーの生涯　133

たしはあなたのみ名を兄弟たちに告げるでしょう」(詩編第22編22節) と言えるようになると思います。読者のひとりびとりが引照された聖書をいちいちよく読み、それについて想いをこらしていただきたいものです。この本は、教会の聖書研究グループで用いてもよいでしょう。それによって教会員は強力なクリスチャンとなり光ではなく闇の道をえらんだ世のひとびとに対してイエス・キリストを主と宣明することによって主をあがめるようになれるでしょう (ヨハネによる福音書第3章第19節参照)。

　この本の著者の祈りは、科学者ケプラーが彼の望遠鏡で天体の動きをたずねた時の祈りと全く同じです——「ああ神よ、あなたに従って、あなたの思いを私どもにいだかせてください。知識をますます育ててください。しかし、それにもまして敬けんな心を私たちのうちに住まわせてください」。

(『ふるさとへの道』は、モードによる256頁から成る一般信徒のための聖書案内書で、1959〔昭和34〕年に発行された)

III
日本のC.K.ドージャー
西南学院の創立者

モード・バーク・ドージャー 著
瀬戸毅義 訳

CHRLES KELSEY DOZIER of Japan
A BUILDER OF SCHOOLS

By Maude Burke Dozier

＊本章は、2002年発行『日本のC.K.ドージャー——西南の創立者』を改訂し収録する。肩書き・名前は当時のもの。

Preface

It gives me great pleasure to introduce the Japanese translation of *Charles Kelsey Dozier of Japan: A Builder of Schools* (Broadman Press, 1953). This brief book was written by Maude Burke Dozier (1881-1972), who married C. K. Dozier on June 6, 1906, before the two of them set sail for Japan on September 4 of the same year. Before a full ten years had passed, in the Spring of 1916, C. K. Dozier and his colleagues and supporters in Japan and the United States had founded a Christian academy for boys. This small junior high school was named Seinan Gakuin and was located in Fukuoka City.

Seinan Gakuin, which began with 104 students, has grown into a large educational complex with over 9,500 students, more than three-fourths of whom are enrolled in Seinan Gakuin University, which was established in 1949. Rev. and Mrs. Dozier's only son, Edwin Burke, was a faculty member at Seinan Gakuin College before World War II, and he became a professor in the University in 1958. "Mother Dozier," as she was affectionately called, lived with her son and his wife from 1951 until 1964, when she left Fukuoka and Japan to return to the United States. The following year, Edwin was elected as the ninth Chancellor of Seinan Gakuin.

My friend and colleague, Rev. Kiyoshi Seto, head of the Religious Activities Department of Seinan Gakuin Junior-Senior High School, from 1999-2002 has rendered a valuable service to Seinan Gakuin and to all who are interested in the school's founder by his competent translation of Mrs. Dozier's brief biography of her husband, who uttered the following words to her just before his death in 1933: "Tell Seinan to be true to Christ."

The words "Seinan, Be True to Christ" have long been used as the motto

まえがき

　『日本のC. K. ドージャー——西南の創立者』（原題 *Charles Kelsey Dozier of Japan : A Builder of Schools*, Broadman Press, 1953）を紹介できることは、私の大きな喜びであります。本書は小著ながら、1906年6月6日にC. K. ドージャーと結婚された、モード・バーク・ドージャー（1881-1972年）によって著されました。ドージャー夫妻は、結婚後間もない同年の9月4日、日本に向けて発たれました。来日して満10年近く経とうとする1916年の春に、C. K. ドージャーと彼の同僚、また日本と米国の賛同者たちは、男子のためのキリスト教主義学校を建てました。このささやかな男子中学校は、西南学院と名付けられ、福岡市にその住所を定めたのであります。

　104名の生徒から始まった西南学院は、現在9,500人以上の学生を擁する大きな学園へと成長しましたが、その4分の3以上は1949年開設の西南学院大学に在籍の学生であります。宣教師C. K. ドージャー夫妻のただ一人のご子息、エドウィン・バークは、第二次世界大戦前に西南学院高等学部の教授をされ、戦後の1958年には西南学院大学の教授になられました。

　著者のモード・バークは、親しみを込めて「マザー・ドージャー」と呼ばれましたが、1951年から、福岡と日本を離れて米国に帰国する1964年まで、ご子息夫妻と同居されました。翌1965年にエドウィンは、西南学院の第9代院長に選任されました。

　本書はC. K. ドージャーの簡潔な伝記であり、1933年の死の直前「キリストに忠実であれと西南に伝えよ」（Tell Seinan to be true to Christ）と夫から言われた、妻のミセス・ドージャーにより記されたものであります。私の職場の同僚であり友人である瀬戸毅義牧師（1999年から2002年まで西南学院中学高校の宗教部長）は、本書の的確な翻訳により、西南学院とその創立者に関心を抱く者すべてに貴重な貢献をされました。

　「西南よ、キリストに忠実なれ」（Seinan, Be true to Christ）という言葉は、西

of Seinan Gakuin, and this book, Charles Kelsey Dozier of Japan, will help all who read it to understand the man who founded Seinan Gakuin and loved it to the very end.

Fukuoka City
March 2001

Leroy Seat, Ph.D.
Chancellor, Seinan Gakuin

*　　*　　*

About This Book

I was not aware of this biography of C.K.Dozier, which was written by his wife, until Mr.Seto, teacher at Seinan Gakuin Junior-Senior High School, translated it into Japanese. The translation is very valuable to all the persons concerned including the students and pupils of Seinan Gakuin, for it will promote a better understanding of the Seinan Spirit by which Seinan Gakuin was founded.

Yoshinori Manabe, Principal
Seinan Gakuin Junior-Senior High School

南学院のモットーとして永く使われて来ました。本書は西南学院を創立して、死の間際までこの学院を愛した人物を理解しようとするすべての読者にとって、よき助けとなるにちがいありません。

2002年3月福岡にて

西南学院院長
L.K.シィート

＊　＊　＊

本書に寄せて

西南学院中学校・高等学校の瀬戸毅義教諭の翻訳によって、私は初めてC.K.ドージャー夫人によって書かれた、C.K.ドージャー先生の伝記があることを知りました。この翻訳は学生・生徒を含めた西南学院関係者すべてに大変価値のあるものです。本書を通して、私たちは学院設立の精神を一層深く理解することが出来るからです。

西南学院中学校・高等学校
校長　**真鍋良則**

The author, wife of the late Charles Kelsey Dozier, served in Hawaii after World War II forced missionaries out of Japan.[1] Since her retirement, in 1951, from active service, she has lived in Japan with her missionary children.[2]

CHARLES KELSEY DOZIER OF JAPAN

"Oh, there is a job for me," young Kelsey Dozier said when he saw the masons busily making mortar and carrying bricks for a new building at Brenau College,[3] across the street from his home in Gainesville, Georgia. Immediately he went to the builder and asked for the job of hauling bricks for the men.

"It is hard work," the builder warned. "Yes, sir, but I can do it," said the boy. Years later the old bricklayer met Kelsey's brother, Balton, and said, "I hear your brother is going to be a foreign missionary."

"Yes," replied Balton, "he is going to Japan."

"I know he will be a hard worker on the foreign field," the bricklayer said, "for as a boy he was not afraid of hard work if he could earn an honest penny. When the men were at work on the college, he literally wore his fingers raw picking up bricks. I greatly admire your brother."

Kelsey was born in the little town of La Grange,[4] Georgia, on January 1, 1879, the third son in the modest home of Henry and Nora Dozier. The baby was named for his father's two older brothers, Charles and Kelsey. Kelsey was also his grandmother's family name.

---

1) In April of 1941, as political tensions between Japan and the U.S. worsened, Maude Burke Dozier was forced to return to the U.S. While waiting to return to Japan, the author Maude Burke Dozier worked in the interim among Japanese in Honolulu with her son, E. B. Dozier. The Japanese congregation of Olivet Baptist Church on South Beretania St. is the product of their ministry in1941-1946.

2) This book was published in 1953. Events are reported from the writer's perspective at that time.

3) Brenau University was founded in 1878 as Georgia Baptist Female Seminary.

4) A small city in western Georgia.

故チャールズ・ケルシィ・ドージャーの妻である本書の著者は、第二次世界大戦のため、日本を退去させられた後、ハワイで伝道した[1]。1951年に第一線から引退し、以後は宣教師となった子供たちと共に日本に住んでおられる[2]。

日本のチャールズ・ケルシィ・ドージャー

　「おっ、僕にぴったりの仕事がある」。若き日のケルシィ・ドージャーが言いました。レンガ職人がせわしくモルタルをこね、ブレノー大学の新しい校舎建設のために、レンガを運んでいるところを目にした時のことです[3]。ブレノー大学は、ジョージア州ゲインズヴィルにあるケルシィの家から、道を挟んで向い側にありました。ケルシィはすぐにレンガ職人のところに行き、レンガ運びの仕事をさせてくれませんか、と頼みました。

　「きつい仕事だぞ」。レンガ職人はケルシィに忠告しました。

　「わかっています。しかし、僕は出来ます」。少年は答えました。

　何年も後のことですが、この時の年老いたレンガ職人が、ケルシィの兄のバルトンに会いこう言いました。「君の弟さんが、宣教師となり外国に行くそうじゃないか」。

　「そうです。日本へ行きます」。バルトンは答えました。

　「ケルシィなら外国に行っても、きっと一生懸命働くだろう」。レンガ職人は言った。「だってさ、少年の頃から、真っ当に働いて生計を立てるためなら、きつい仕事もいやがらなかった。弟さんが大学でレンガを運んだ時は、レンガを抱えすぎて指の皮がむけるくらい働きましたよ。あんたの弟さん、心から尊敬するね」。

　ケルシィは、1879年1月1日、ジョージア州の小さな町ラ・グランジュ[4]で、質

1）著者であるM.B.ドージャーは、日米関係が険悪となったため、1941年の4月に帰国勧告に従い帰米した。再び日本に戻れる日が来ることを待ちながら、息子のE.B.ドージャーが宣教師として再来日する1946年までの間、ホノルルの日本人の間で一緒に伝道した。South Beretania 通りのオリベット・バプテスト教会（Olivet Baptist Church）の日本語部は、1941-46年にわたる両者の伝道の実である。

2）本書は1953年に出版された。記述はその当時の著者の視点によるものである。

3）Brenau University。1878年にジョージア・バプテスト女子神学校（Georgia Baptist Female Seminary）として創立された。

4）ジョージア州の西部にある小都市。

Ⅲ　日本のC.K.ドージャー　｜　141

The great-grandparents of the little boys were Huguenots [5] who had fled from religious persecution in France. They had settled on a plantation near Charleston, South Carolina. Stories of their loyalty to God and of the family's kindness to the Negro people made a deep impression upon Kelsey's mind and strengthened his character. His grandmother had taught the slaves to read the Bible, and her kindness to them had won their hearts. "I don't believe any 'mistus' on any plantation loves the 'hands' like Miss Margaret does," one of them said of her.

Kelsey's first school days were spent at home, with his mother as teacher. The lessons he learned from her Bible began to bear fruit when he was a boy of thirteen. Under the wise leadership of Dr. F. C. McConnell, he gave his heart to Christ and was baptized [6] into the membership of the First Baptist Church of Gainesville. He was faithful in church attendance. A deacon remarked later, "Every time that church door opened, in spite of wind or weather we always found Kelsey there."

There were no girls in the Dozier family, so the three boys had to take their share of the family duties. The tasks of milking the cow and sweeping the floors often fell to Kelsey. In addition to his home tasks he did anything he could to earn a little spending money, for the family income was not large.

When Kelsey gave his heart to the Lord Jesus, he also felt that God wanted him to preach the gospel. He believed that God was leading him to a ministry, not in his own country, but on some foreign soil. Yet he wondered how he could realize his dreams unless he could go to college.

Not long after his decision to prepare for the ministry, a great disappointment overshadowed the home. Father Dozier came home from his hardware store one day and announced the complete failure of the business because of the dishonest dealings of a partner. This failure brought not only poverty to

---

5) The Huguenots were French Protestants who, due to religious persecution, were forced to flee France to other countries in the sixteenth and seventeenth centuries.

6) The method of baptism for Baptists is immersion, rather than sprinkling. In Japanese, when the pronunciation "baptism" is indicated for the Japanese word "senrei" it means baptism by immersion.

素な家庭であるヘンリーとノラ・ドージャーの3番目の男子として生まれました。この赤ちゃんは、父親の二人の兄であるチャールズとケルシィの名前を取って名付けられました。また、ケルシィという名前は祖母方の姓でもありました。

ケルシィたちの曾祖父母はユグノー教徒であり、フランスでの宗教弾圧から逃れて、サウスカロライナ州のチャールストンという町に近い大農園に住んでいました。曾祖母が神に従順であり、黒人にも親切であったという話は、ケルシィの心に深い影響を与え、人格の成長に寄与しました。ケルシィの祖母は、奴隷に聖書の読み方を教え、優しく接したので、奴隷たちも彼女に心を許しました。「マーガレット様は、ほかの農園のどの "お嬢様" よりも、"農園の労働者"を愛していらっしゃることは間違いない」。奴隷の一人が彼女のことをこう言いました。

ケルシィの最初の学校生活は自宅であり、教師は母でした。彼が13歳になった時、母の聖書から学んだことが実を結び始めたのです。F. C. マッコーネル博士の優れた指導により、ケルシィはキリストに心を捧げ、ゲインスヴィルの町のファースト・バプテスト教会で洗礼を受けて教会員となりました。ケルシィは、きちんと教会に出席しました。後にその頃の教会の執事がケルシィについて語りました。「雨の日も風の日も、いつも教会の扉を開けると、そこにケルシィの姿がありました」。

ドージャー家には、娘がおらず、3人の息子たちが家事を分担しなければなりませんでした。ケルシィには、たびたび乳搾りと床の掃除が回ってきました。家事に加えて少しのお金を得るために、ケルシィは出来るだけのことをしました。収入の多い家庭ではなかったからです。

ケルシィが主イエスに心を捧げた時、神は福音を宣べ伝えることを、自分に望んでおられるのだと思ったのです。ケルシィは、母国ではなく外国で宣教するように、神が自分を導いておられると信じていました。しかし大学に進学しなければ、どうやってこの夢を実現できるのでしょうか。彼は悩みました。

5）ユグノー教徒。16-17世紀に宗教的迫害の故にフランスを去り、他国に逃れることを余儀なくされたフランスの新教徒。

6）バプテスト派の教会では、洗礼の方法が滴礼ではなく、からだ全体を水に沈める浸礼の形式を取る。洗礼に "バプテスマ" というルビをふっているのは浸礼の意味である。

the family, but also broken health to the father. Dreams of a higher education for the three sons suddenly came to an end.

Edwin, the oldest son, had just been graduated from high school at the head of his class. But he told his parents: "I shall quit school and go to work in Mr. Turner's dry goods store. The money I make will help support the family. And if Kelsey wants to preach, he must go to Mercer University.[7] I shall help him all I can."

All through his life Kelsey found himself entering seemingly closed doors that were opened by God. When his mother's sister, "Auntie" Whitfield, heard of the tragedy that had come to the family, she wanted to help Kelsey go to college. She was happy to have a nephew who wished to give his life to the ministry of the gospel, and she repeatedly helped him. Not willing to receive help for all of his college education, Kelsey taught several short-term schools in the rural sections of northeast Georgia to help pay his expenses. He loved the people and enjoyed living in their homes. A cousin living in that section wrote many years afterward that his former pupils still honored him highly as a Christian teacher. Several of them had named their sons "Kelsey Dozier."

During one vacation Kelsey clerked in a grocery store in Gainesville. When a pretty girl came into the store one day and asked for beans, Kelsey gave her peas instead. "When a pretty girl comes in, Kelsey can't even tell peas from beans," his friends teased. But the friendship of several young women, some of whom later became missionaries, added much to his steadfastness of purpose. Throughout his life he was serious-minded, but he enjoyed social life.

After four busy, happy years at Mercer University, the question of what should be done next was a vital one to Kelsey. Edwin, the self-sacrificing brother, quietly urged further preparation at the Southern Baptist Theological Seminary[8]

---

7) Mercer University, which is Baptistic University in Macon, Georgia, found in 1833.

8) The Southern Baptist Theological Seminary in Louisville, Kentucky, was founded in 1859 and is the oldest seminary of the Southern Baptist Convention.

宣教師になろうとケルシィが決心して間もなく、一家は大きな失望に襲われました。ある日、自分の金物店から帰って来るなり、一緒に経営をしていた友人が不正な取引きをして、商売が完全な失敗に終わったと、父が家族に告げたのです。この破産でドージャー家は貧乏になっただけでなく、父の健康までが損なわれることになりました。3人の息子には高等教育をとの夢は、突然潰えました。

　長男のエドウィンは、首席で高校を卒業したばかりでした。しかし、彼は両親に「自分は進学をあきらめてターナーさんの雑貨屋で働く。僕が働いた金で家族を支える。またケルシィが伝道者になりたいなら、マーサー大学にどうしても行かなければならない。ケルシィの進学もできるだけ、僕が援助しよう」と言いました。

　ケルシィはその生涯の間に、閉じられたかのように見える扉を神が開けて下さり、その扉から自分が入って行っていくという体験をしたのです。ドージャー家を襲った悲劇を聞いて、ケルシィの母親の姉妹である叔母のホイットフィールドがケルシィの大学進学の力になりたいと言いました。甥が福音伝道に生涯を捧げたいと思っていることを彼女は嬉しく思い、何度もケルシィを援助しました。ケルシィは大学の経費のすべてを、叔母の援助に頼りたくないと思って生活費を稼ごうと、ジョージア州の北東の田舎町にあるいくつかの短期学校で教えました。ケルシィは、そこに住む人々を愛して、楽しくホームステイをしました。何年も後にその地方に住んでいた従兄弟がこう書いてくれました。ケルシィの教えた生徒たちが、ケルシィのことをクリスチャン先生として、何年経っても高く尊敬していると。生徒たちの中には自分の息子の名前を「ケルシィ・ドージャー」と付けた方々がいました。

　ある休暇中のこと、ケルシィはゲインスヴィルの食料品店で働いておりました。ある日美人の女の子が店に来て、インゲン豆をくださいというと、ケルシィは間違えてエンドウ豆を渡してしまいました。「ケルシィは、かわいい女の子が来ると、インゲン豆とエンドウ豆もわからなくなる」と友達から、からかわれました。しかし、数人の若い女性との友情があればこそ、彼の大志も不動のものになったといえましょう。後に、その女性の中に宣教師になった方がいます。彼

---

7) Mercer University。ジョージア州メーコンにある1833年創立のバプテスト派大学。

Ⅲ　日本のC. K. ドージャー　145

in Louisville, Kentucky, and again said, "I will help you all I can." During the three seminary years, now and again a check would come "with my love" from Auntie Whitfield. "Supply preaching" also helped the student to pay his bills.

"I was a boy with no money but with a desire to be of some account in the world," he wrote when he had finished college and the seminary. "I did not know where the money would come from for my education, but I did believe in God and was willing to commit my life into his hands. Now I stand in sight of the goal of my school days-my appointment to the foreign mission field."

A few days after the seminary opened in the fall of 1903, Kelsey, visiting in the home of some students from Georgia, met Miss Maude Burke[9] of North Carolina. She was enrolled in the seminary as a regular student and was sharing the friends' apartment. She had never heard the name "Dozier," and it seemed difficult for her to remember, even after he had visited in the home several times. Very much embarrassed, she said, "I think I shall never be able to remember your name." About six months later she had learned the name "Dozier" and was willing to add it to her own.

Maude Burke had been planning for years to go to China; Kelsey Dozier had felt that God was calling him to South America. One of the things that had turned his thoughts to South America was the possibility of learning the Spanish language rather than the difficult language of the Orient. Hebrew and Greek had not been too difficult at the Seminary, but a living Oriental tongue seemed an impossible barrier to mission fields in the Orient. As it happened, they went neither to China nor to South America.

Dr. J. W. McCollum[10] and Rev. Calder T. Willingham,[11] missionaries on fur-

---

9) Maude Adelia Burke (1881-1972) was born in North Carolina, then married Kelsey Dozier and served as a missionary from 1906-1951. She is the author of this book.

10) John W. McCollum (1864-1918) was born in Alabama and served as a missionary (1889-1909) in Moji, Kokura, and Fukuoka.

11) Calder T. Willingham (1879-1918) was born in Georgia and served as a missionary (1902-07, 1911-18) in Kokura.

は、生涯を通して考えが真面目でしたが人付き合いも好みました。

マーサー大学での忙しくはありましたが、幸せだった4年間を終えると、ケルシィにとって肝要なことは、次に何をすべきかということでした。自分を犠牲にしてくれた兄のエドウィンは、ケンタッキー州ルイヴィル市のサザン・バプテスト神学校へ行くように、押しつけがましくはありませんでしたが、しかし強く奨めました。「お前を助けるために、僕はできることは何でもする」。神学校での3年間に、ホイットフィールド叔母さんからも、「愛のこもった」小切手が送られてきました。また「臨時の説教」も学費を払うための助けとなりました。

「自分は金も無い若造だったが、世の中で幾分か価値のある者になりたいという願いはあった」。大学と神学校を終えた時、ケルシィはこう書きました。「教育を受けるための金がどこから来るか、まったく知らなかった。しかし本気で神を信じて、自分の一生は神の御手におまかせしようと願ってきた。そして今、私の学校生活のゴールが目の前に見えている――海外の伝道地に宣教師として任命されることだ」。

1903年の秋、神学校の新学期が始まってから2、3日経った時でした。ジョージア州出身の神学生数人の家庭を訪ねていたケルシィは、ノースカロライナ出身のモード・バークという女性に出会いました。彼女は神学校に正規の学生として入学し、友人と一緒に住んでいました。彼女は「ドージャー」という名前を一度も耳にしたことがなく、彼が何度か訪ねてくれても、名前を覚えるのもなかなか苦労しました。ひどくばつの悪い思いがして、彼女は言いました。「あなたの名前、本当に覚えられそうにないわ」。それから約6カ月後、彼女は「ドージャー」という名前を覚えたどころか、彼と結婚し自分もその名前を進んで名乗りたいと思うようになりました。

モード・バークは、何年間も中国へ行こうと計画を練っていました。片方のケルシィ・ドージャーは、南米に行くように神から召されていると感じていました。ケルシィがそう思った一つの理由は、難しい東洋の言葉を学ぶよりも、

8）サザン・バプテスト神学校は、ケンタッキー州ルイヴィルに所在する1859年創立の南部バプテスト連盟最古の神学校。
9）Maude Adelia Burke（1881-1972年）。ノースカロライナ州出身。宣教師在任、1906-51年。ケルシィ・ドージャーの妻となった。

lough from Japan, attended a Student Volunteer convention and pleaded for recruits for their field. "No one will come to Japan," they said. And in their words Kelsey heard God's distinct call for him to answer their plea. He was willing to go. He and Missionary Willingham talked about Japan until two o'clock one morning. After several days of thought and prayer, the young man and his fiancee knew that the call of the Lord to the neglected field of Japan was unmistakable. The Lord had chosen the field for both of them- not China, not South America, but Japan. There was never a doubt that Japan was the place God meant for them to serve.

Kelsey Dozier was ordained[12] to the gospel ministry in 1904. He wrote to a friend: "I wish you could have been at my ordination. My father, mother, and two brothers were there. The Presbyterian pastor dismissed his congre-gation and came to my ordination service out of respect for my father, who is an elder in the Presbyterian church. I am now an ordained minister. I hope that I shall be a *minister* indeed."

Back to the Seminary with a new zeal in his heart, Kelsey Dozier went for two more years of preparation. Street preaching in Louisville and a student pastorate in a country church gave him valuable training in soul-winning. In April of 1906 the Southern Baptist Foreign Mission Board at Richmond, Virginia, notified him to come before the Board for his examination. He looked so strong and well, so ready and fit, that the examining physician thought he was a football player.

"I shall never forget that hour just after my appointment," the new missionary said. "Dr. R. J. Willingham, the Board's executive secretary, took my hand in both of his and said, 'God bless you, God bless you, God bless you!'" Kelsey Dozier felt that his greatest goal had been reached. He had laid his life upon the altar of service.

Kelsey's graduation from the Seminary was followed, on June 6, 1906, by a simple home wedding to Maude Burke. Afterward the young couple began

---

12) The ceremony in the Christian church in which a person is recognized as a pastor.

スペイン語の方が覚えやすいと考えたからです。神学校で習ったヘブライ語も
ギリシア語も、それほど難しくはありませんでした。しかし東洋で伝道をする
場合、生の東洋の言葉がほとんど不可能な壁のように思えたのです。ところが
結局、二人とも中国にも南米にも行きませんでした。

　日本で宣教師をしている J.W.マッコーラム博士[10]とカルダー・T.ウィリン
グハム[11]は、休暇でアメリカに帰国中でしたが、学生ボランティア会議に出席し、
日本への新しい宣教師を求めてその必要性を訴えました。「誰も日本には来よ
うとはしないだろう」と彼らは言いました。二人の言葉の中からケルシィは明
確に聞いたのです。神が自分を彼らの願いに応えるようにと招かれたのだと。
彼は進んで行こうとしていました。ケルシィと宣教師のウィリングハムは、あ
る日午前２時まで日本のことを語り合いました。幾日かよく考え祈った結果、
重きを置かれていない日本の地に、神が年若いケルシィと婚約者を導いておら
れることは、間違いないとわかりました。主は若い二人に中国でも南米でもな
く、日本という地を選んでおられたのです。日本こそ、神が二人に奉仕するこ
とを願っておられるその場所でした。

　1904年、ケルシィ・ドージャーは、牧師として働くために按手礼^{あんしゅれい}を受けまし[12]
た。彼は友人に次のように書きました。「僕の按手礼式に君がいてくれたらよ
かったのにと思う。父と母と兄弟二人が出席してくれた。長老教会の牧師が、
彼の教会員を早く帰宅させ、僕の按手礼式に来て下さった。僕の父が長老派の
教会の役員をしているので、父に敬意を払って下さったのだ。僕も今や按手礼
を受けた牧師となった。これからは、本物の牧師になりたいと願っている」。

　このあと、さらに２年間の準備のため、ケルシィ・ドージャーは心に新しい
熱意を抱いて神学校に戻りました。学生でありながら、ルイヴィルでの路傍伝
道や田舎の教会での働きなどは、人々の魂をすなどるための貴重な訓練でした。
1906年４月、バージニア州リッチモンド市にある南部バプテスト連盟外国伝道
局（ミッション・ボード）からケルシィに、試験のためボードに来るようにと連
絡がありました。ケルシィはずいぶんと頑強かつ健康で、覚悟がすわり適任

10）John W. McCollum（1864-1910年）。アラバマ州出身。宣教師在任、1889-1909年。門司、
　小倉、福岡で伝道の働きをした。
11）Calder T. Willingham（1879-1918年）。ジョージア州出身。宣教師在任、1902-07、1911-
　18年。小倉で伝道の働きをした。
12）牧師として認められた者にキリスト教会が授ける儀式。

Ⅲ　日本のC.K.ドージャー　│　149

to make final preparations for their long voyage to the mission field.

On September 4, 1906, three young missionary couples —— the Doziers, the J. H. Rowes[13] and the G. W. Bouldins[14] —— boarded the S. S. *Korea Maru* and turned their eager faces toward Japan. Twenty-three days later, in the beautiful landlocked harbor of Nagasaki, they watched a small fishing boat approach their ship. Dr.McCollum, Dr.E.N. Walne[15], and a Japanese coworker clambered up the side of the ship to welcome the long-awaited recruits to the Japan Mission.

After a day on a Japanese train the two senior missionaries and the six new ones were welcomed in Fukuoka by Mrs. Walne[16] and Mrs. McCollum[17], the N. Maynards[18] and W. H. Clarkes[19], and the children of the Mission. For one happy week, work, play, and introductions to missionary life filled the Fukuoka missionary residence —— a square, eight-room, two-story structure with thin walls and floors that gave little chance for secrets or quiet. The house, including a kitchen and servants' rooms, had been built at a cost of $600.00.

For the next five months the three young couples remained in this big house to have their first lessons in the Japanese language. A former Buddhist priest and a young Christian man were their first teachers. The teachers knew little or no English, and the pupils knew no Japanese. But by plodding along persistently Kelsey began to see some results of his study. He had put his hand to the plow; he would not turn back[20]. He liked to be with the people,

---

13) John Hansford Rowe (1876-1929) was the founder of Seinan Jo Gakuin (Seinan Women's College) and served as a missionary in Kokura from 1906 until 1929.

14) George W. Bouldin (1881-1967) from Alabama served as a missionary in Kagoshima and Fukuoka and also taught at the seminary (1906-1933). He was the third chancellor of Seinan Gakuin (1930-1932).

15) Ernest N. Walne (1867-1936) served as a missionary in Fukuoka, Nagasaki, and Shimonoseki (1892-1935), and taught at the seminary.

16) Claudia M. Walne (1868-1948) from Kentucky, the wife of Ernest (Footnote 15).

17) Drucilla C. McCollum (1869-1963) from Alabama, the wife of John (Footnote 10).

18) Nathan Maynard (1858-?) from Maryland served as a missionary in Kokura (1894-1910).

19) William H. Clarke (1867-1943) from Georgia served as a missionary in Kumamoto and Tokyo (1898-1936).

だったので、診断した医師は彼をフットボールの選手かと思いました。

「任命された後の出来事は忘れられない」と新人宣教師のケルシィは言いました。「ボード総主事のR.J.ウィリングハム博士が、僕の手を両手で握りしめて『君の上に神の祝福があらんことを、君の上に神の祝福があらんことを、君の上に神の祝福があらんことを』と言われたんだ」。ケルシィは、自分の最大の目標が達成されたのだと感じました。彼は自分の生涯を、奉仕という祭壇の上にお捧げしたのです。

ケルシィの神学校の卒業式のあと、1906年6月6日にモード・バークとの家族だけの簡素な結婚式がありました。若い夫婦はこのあと、伝道地に向かう長い航海に向けて最終の準備に入りました。

1906年9月4日、ドージャー夫妻、J.H.ロウ夫妻[13]、G.W.ボールデン夫妻[14]の若い宣教師の一行は、S.S.コリア丸に乗船し、熱意をいだきつつ日本へと旅立ちました。23日間の航海ののち、ケルシィたちを乗せた船が陸地で囲まれた美しい長崎港に入ると、小さな漁船が近寄って来ました。そこに乗っていたのは、マッコーラム博士とE.N.ウッーン博士[15]とひとりの日本人の同労者でした。彼らは船のタラップを上り、待ちに待った日本への宣教師を歓迎してくれました。

汽車に1日乗って到着した福岡で、2人の先輩宣教師と6人の新米宣教師は、ウッーン夫人[16]とマッコーラム夫人[17]、N.メイナルド夫妻[18]、W.H.クラーク夫妻[19]、そして宣教師の子供たちから歓迎されました。宣教師たちの福岡での暮らしについての説明、その伝道活動、レクレーションなど、宣教師館での1週間はあっという間に終わりました。宣教師館は、正方形の部屋が八つある2階建て

---

13) John H. Rowe（1876-1929年）。宣教師在任、1906-29年。小倉で伝道した。後に西南女学院の創立者となった。

14) George W. Bouldin（1881-1967年）。アラバマ州出身。宣教師在任、1906-33年。鹿児島、福岡で伝道し、神学校で教えた。後に西南学院第3代院長となった（1930-32年）。

15) Ernest N. Walne（1867-1936年）。宣教師在任、1892-1935年。神学校で教えた。福岡、長崎、下関で伝道した。

16) Claudia M. Walne（1868-1948年）。ケンタッキー州出身。注15の妻。

17) Drucilla C. McCollum（1869-1963年）。アラバマ州出身。注10の妻。

18) Nathan Maynard（1858年-?）。メリーランド州出身。宣教師在任、1894-1910年。小倉で伝道した。

19) William H. Clarke（1867-1943年）。ジョージア州出身。宣教師在任、1898-1936年。熊本、東京で伝道した。

and through contact with them he eventually got a good grasp of the language.

The language was not the only difficulty. The customs and manners of the people seemed to be literally upside down. Kimono-clad men and women appeared strange to the Westerner. Eating with chopsticks proved less difficult than he had expected, but sitting with his feet folded back under him was too much. Fortunately, it was not considered poor breeding for men in Japan to sit on the floor tailor-fashion, with their feet crossed in front of them. That was easier. The strange customs and manners, which the missionaries learned as quickly as possible, were only an outside covering of the hearts of the Japanese people. The real task of the young missionary was to learn to know those hearts well enough to lead them to Jesus.

The Doziers continued their language study, daily for their first three years in Japan, and passed their final language examinations in 1909. This, however, only meant that real study was just beginning. Sermon preparation, chapel talks, and teaching in the schools were to continue for Mr. Dozier as long as he lived; and he was to bear the strain of an over-crowded life in Japan for twenty-seven years. The secret of his endurance may be found in the first words of his diary for every day of those years: "I rose at six [sometimes at five when duties pressed heavily], I had Bible reading and prayer, then I had devotions of Scripture, hymn, and prayer with the family at breakfast."

After the first five months of language study, the Bouldins went to Kagoshima and the Rowes to Kokura. The Doziers were asked to go to Sasebo, an important naval station, where Dr. Walne had built a neat chapel. But since no house could be found for them in Sasebo, the Mission decided that it would be wise for them to go to Tokyo for a few more months of concentrated language study.

"No," the Japanese pastor said when he heard of the decision. "I will move

---

20) But Jesus said to him, "No one, having put his hand to the plow, and looking back, is fit for the kingdom of God." (Luke 9:62 NKJV)

の建物で、壁や床は薄く、プライバシーもなければ静かな時間を持つこともできませんでした。この家屋は、台所と家政婦の部屋も含めて600ドルで建てられていました。

　そのあとの５カ月間、これらの若い３組の夫婦は、この大きな家に住んで、初めての日本語の学びを始めました。最初の先生は、仏教の元僧侶とクリスチャンの青年でした。この先生たちは、まったく英語を知りませんでした。また生徒であるドージャー夫妻らもまったく日本語がわかりません。根気強くコツコツと勉強した甲斐があり、ケルシィにはある程度の成果が実り始めました。彼はいったん鋤に手をかけたら、決して後ろを振り返りませんでした[20]。ケルシィは人々と一緒にいるのが好きで、その接触を通して、ついには言葉を上手に習得していったのです。

　難しいのは日本語だけではありませんでした。日本人の習慣や作法も、文字通りまったく面喰らうものでした。着物を着た男や女は、西洋人にはいっぷう変わって見えました。箸で食事をするのは、ケルシィには思ったより簡単でしたが、しかし膝を曲げて正座することはひどく辛いことでした。幸いにも日本では、男性が人の前で胡坐をかいてすわっても、育ちが粗末とは思われませんでした。ケルシィには、そうする方が正座よりはましでした。宣教師たちができるだけ早く習得した、見なれない日本の文化や慣習は、日本人の心の外面的な顕れに過ぎませんでした。若い宣教師にとっての本当の課題は、日本人をイエスへと導くために、彼らの心を深く学んで知るということでした。

　日本での最初の３年間、ドージャー夫妻は毎日日本語の勉強を続けて、1909年に、日本語の最終試験に合格しました。しかし、本当の勉強はいま始まったばかりにすぎなかったのです。説教の準備、チャペルの講話と学校の講義は、一生の間ケルシィについてまわりました。このあとの27年間、ケルシィは、多くの仕事で忙殺される生活からくる緊張に耐えることになりました。彼の我慢強さの秘訣は、当時、毎日つけていた日記の最初の数語からわかります。「６時に起床し（彼は、なすべき仕事が多い時は５時に起きた）、聖書を読み祈った。その後、朝食の時家族と共に聖書と讃美と祈りの時を持った」。

　５カ月の日本語学習が終わると、ボールデン夫妻は鹿児島に、ロウ夫妻は小

---

20) イエスはその人に、「鋤に手をかけてから後ろを顧みる者は、神の国にふさわしくない」と言われた（日本聖書協会『聖書 新共同訳』ルカによる福音書９章62節）。

Ⅲ　日本のC.K.ドージャー　│　153

out of my house and let the Doziers live in it. We must have a missionary in Sasebo."

The pastor did not have to give up his house however. Just at that time a Japanese house was found for the young couple, and they moved to Sasebo. They were the only foreigners there. Witnessing for Christ in the center of that great city was a satisfying experience.

"The never-ending clatter of the wooden clogs on the street reminds me that men and women are going into eternity without Christ," Secretary Willingham of the Foreign Mission Board said when he and Mrs. Willingham visited Japan in 1907 and saw the nation's great need for Christ. "I shall never get away from that sound." He went back and told the Board that Baptists *must* expand their work in Japan.

The Northern American Baptist Mission was not able to develop its work around Shimonoseki, and Southern Baptists took over the field. It was decided that the Doziers were the missionaries to go to Shimonoseki. Regretfully the Doziers gave up their work in Sasebo, where they had spent less than a year with the little group of Christians and their devoted pastor.

"Blessed is the missionary who can conduct a station in such a way that it will continue to prosper when he is no longer there," Missionary Rowe wrote a little more than a year afterward. "Although in most of our stations the work suffers very materially when the missionary is taken away, yet in this instance there has been steady advance. To my mind this speaks more highly of Brother Dozier's work than anything else that could be said."

Kelsey Dozier had hardly become established in Shimonoseki when, after one short year, he was called back to Fukuoka to teach the New Testament and Greek in the new Baptist seminary. The Mission residence in Fukuoka had been sold, and finding a Japanese home to live in was a real problem. They were to move often during the next eighteen years. Most Japanese landlords did not want to rent to foreigners, whose heavy furniture usually made dents on their straw mat floors and whose use of stoves sometimes caused houses to burn in the winter.

倉へとおもむきました。ドージャー夫妻は、重要な海軍基地のある佐世保へ行くようにと言われました。そこにはウッーン博士が建てた素敵な礼拝堂がありました。ところが、佐世保にはドージャー夫妻が住む家がありませんでしたので、宣教師社団は2、3カ月のあいだ夫妻に東京に行ってもらい、集中して日本語の勉強をさせることにしました。

その決定を聞いて、日本人の牧師が「それはだめです」と反対し、「私が自分の家を出ますから、そこにドージャー夫妻を住まわせて下さい。佐世保には宣教師がぜひとも必要です」と言いました。

しかし、その牧師は自分の家を出る必要はありませんでした。ちょうどその時、ドージャー夫妻が住める日本家屋が見つかりましたので、二人は佐世保に引っ越しました。その頃、佐世保には、ドージャー夫妻以外の外国人はいませんでした。大きな佐世保の町のまん中で、キリストについて証しをするのは、夫妻にとって満ち足りた経験となりました。

「道路を歩く人々の、絶え間のない下駄のカランカランという音を聞くと、男も女もここの人々は、キリストを知らずに永遠の世界に行こうとしているのだということを思い起こさせる」。ミッション・ボード総主事のウィリングハム氏は、1907年、妻と一緒に日本を訪れた時こう言いました。そして、日本の人々にはキリストが大いに必要であることがわかりました。「あの下駄の音はいつまでも私の耳から離れない」。彼は帰国して、どうしても日本での活動を広げなければならないとボードに話しました。

北部バプテスト宣教団は、下関一帯での宣教活動を広げていくことがままならず、南部バプテスト宣教団がその地域を引き継ぐこととなりました。下関におもむく宣教師はドージャー夫妻であると決定されました。残念でしたが、ドージャー夫妻は佐世保での働きを中止しました。佐世保は1年にも満たなかったのですが、そこは、二人がクリスチャンの小さな群れと献身的な牧師と一緒に過ごしたところでした。

「自分が去った後にも、そこが栄え続けるように、人々を導いていくことが出来る場所にいる宣教師はなんと幸いなことか」と、約1年後にロウ宣教師が書いています。「大抵われわれの場合、宣教師が去ってしまうと、その教会は著しく苦労するのであるが、佐世保の場合は常に成長している。私の考えだが、このことは何よりも雄弁にドージャー兄の働きの素晴らしさを物語っている」。

Ⅲ　日本のC.K.ドージャー　155

The missionaries in Fukuoka decided they could make many contacts with the Japanese people by teaching English in a night school. Kelsey Dozier was asked to become the principal of the school,[21] which was to meet in the seminary building. Sixty-six pupils enrolled the first night. It became the largest missionary-operated night school in all Japan. In addition to teaching in the seminary and in the night school, the principal led worship services each night in a chapel made by taking out some partitions in the seminary building. Men from all walks of life studied English in that school, and increased attendance in the church services and many additions by baptism were results of it.

Mr. Dozier worked with the school for six years. At the same time he was secretary of the Japan Mission, and all letters had to be either written by hand in English or dictated in Japanese. Every sermon he preached had to be prepared in Japanese. The tasks were a joy, but they made life extremely busy.

The night school was so effective in spreading the gospel that the missionaries were convinced a Christian day school would prove even more effective. On April 12, 1911, Mr. Dozier, as secretary of the Mission, wrote to the Foreign Mission Board asking for permission to start a day school for boys, and for help in starting it.

"Ever onward without rest and quiet," Mr. Dozier wrote at the top of his daily record on January 1, 1911. The words proved to be prophetic of the next six years, in which the responsibility of founding the boys' school for the Mission was laid on his shoulders. One day he wrote: "I need exercise to help me bear the strain. I have played tennis for the first time in six months."

It was January 6, 1915, before he received final word from the Board authorizing the Mission to start the boys' school. There had been a suggestion that the school should open in April, 1915. He realized the serious responsibility

---

21) Fukuoka Baptist Night School began with 66 students in 3 classes. The school was welcomed by the people of Fukuoka. With the cooperation of other missionaries, enrollment increased to 120 within the year (1911). (from "*Seinan Gakuin Nanajyunenshi*", I : pp.238-239.)

ケルシィ・ドージャーが下関におもむいて1年も経たないうちに、その地で基礎を置く間もなく、彼は福岡の新しい神学校で新約聖書とギリシア語を教えるために福岡に呼び戻されました。福岡の宣教師館はすでに売却されていましたので、住むのに適した日本の家を探すのはずいぶん難しい問題でした。ドージャー夫妻は、その後18年間たびたび引っ越しをすることになりました。日本のほとんどの大家さんは、外国人に家を貸したがりませんでした。外国人の重い家具により、たいてい畳がへこんでしまうし、冬にストーブを使うと、時として火事になることがあったからです。

　福岡の宣教師たちは、夜学校で英語を教えれば、おおぜいの日本人と出会うことができるとの結論を下しました。ケルシィ・ドージャーは、神学校の建物の中で授業をするその学校の校長[21]になるように頼まれたのです。最初の晩の授業には、66人の生徒が登録をしました。この学校は、宣教師が運営する夜学校で当時、日本で一番大きなものとなりました。神学校と夜学校の講義に加えて、校長は神学校の一部の仕切を取り払ってチャペルにし、毎晩そこで礼拝の指導もしました。様々な人生を背負っている人々がこの学校で英語を学びました。教会の礼拝に出席する人数も増え、その結果洗礼（バプテスマ）を受ける人がたくさん出てきました。

　ケルシィは、この学校で6年間働きました。同時に、彼は在日宣教師社団の書記でしたから、手紙は全て英語で手書きをするか、日本語で書き取ってもらわなければなりませんでした。また、ひとつひとつの説教も日本語で準備しなければなりません。仕事は喜びでしたが、その結果、生活はとても忙しいものとなりました。

　この夜学校は、福音を伝えるのに十分な効果がありましたから、宣教師たちは昼間のキリスト教学校を作れば、いっそう効果が上がるだろうと確信しました。1911年の4月12日、ケルシィは、宣教師社団の書記としてミッション・ボードに宛てて、昼間の男子学校の新設とそのための援助を求める手紙を書きました。

　1911年1月1日のケルシィの日記は、「休息も静かな時間もなく、ただ前進あ

---

21)「福岡バプテスト夜学校」（Fukuoka Baptist Night School）のこと。生徒数66名、3クラスでスタートした。福岡市民から歓迎され、他の宣教師の協力もあり、生徒数はその年（1911年）のうちに120名になった（『西南学院70年史 上巻』238-239頁）。

Ⅲ　日本のC.K.ドージャー　157

of such a big undertaking. "Oh, that I might be like Jesus today, that I might know how to plan for the school which the Board has given the permission to start," he cried once during his morning devotions. The Mission selected a committee to help make arrangements for the boys' school, and records for the year 1915 show that meetings were held almost every week for the consideration of the plans. Committee members went to Nagasaki, Fukuoka, Kokura, and Kumamoto to study possible locations. The seminary building at Fukuoka was too small for the seminary and the night school classes already being held there, but since the small grant of money from the Board could be used to build a gymnasium which would double for chapel and athletics, the day school was located at Fukuoka on the property already owned by the Mission.

As soon as the location was settled, the committee began at once to look for a man of strong Christian character to serve as principal, and chose Inohiko Jo,[22] a graduate of the Kyoto Imperial University. Shortly afterward, however, Mr. Jo learned that he had tuberculosis; and during the following months Mr. Dozier went by train to Mr. Jo's home many times for consultation about the school. The principal was able to attend only the opening exercises of the institution, and three months afterward his health forced him to resign.

Mr. Dozier traveled from one end of the country to the other to find teachers who were both Christian and educationally qualified.[23] As it was

---

22) Inohiko Jo (1881-1927) was born in Kumamoto and served as the first chancellor of Seinan Gakuin (2/1916-7/1916). He resigned within the year because of illness.

23) In his book *Oncho no Shogai* (Taishindo, 1966), Tasuku Sakata wrote,"After graduating from Tokyo University and not long after I had been employed by Tokyo Gakuin, I was invited to become the president of Seinan Gakuin in Fukuoka. One day, Dozier, Rowe, and Bouldin, three Baptist missionaries who were responsible for Seinan Gakuin, came from Kyushu to Tokyo and all the way to my home to visit me. They told me about Seinan Gakuin and earnestly requested that I become president. The first president of Seinan Gakuin was Jo, a Japanese man who had a Bachelor of Science degree from the imperial university. Mr. Jo became ill soon after he took office and had to resign, so I was elected to become his successor" (p.70). Mr. Sakata partially consented, but he had to decline the offer for various reasons. Mr. Sakata belonged to the Northern Baptist Mission, and later, in 1919, he became the principal of Kanto Gakuin. The

るのみ」という言葉で始まっています。この言葉がその後の彼の6年間を言い当てたものとなったのです。宣教師社団のために男子学校を設立という責任がケルシィの双肩にかかりました。ある日の日記で彼は次のように書いています。「緊張に耐えるために運動の必要がある。今日は6カ月振りにテニスをした」。

　ボードから宣教師社団に、男子校新設の最終の許可が届けられたのは1915年1月6日でした。学校は1915年の4月に開校すべきであるという提案がありました。ケルシィは、このような大きな仕事に伴う重大な責任を知っていました。「あー、今日はイエスのようになれたらどんなに良いだろう。ボードが開設を許してくれた学校のこれからの計画がわかるのに」と、朝の祈りの時、こう言って一度泣いたことがありました。宣教師社団は、男子校設立にあたりその手助けとなる創立委員を選任しました。1915年の記録を見ると、諸計画を十分に練るための創立委員会がほとんど毎週開かれていたことがわかります。委員たちは学校の候補地を選ぶために、長崎や福岡や小倉、熊本に行きました。福岡の神学校は、すでに開設している神学校と夜学校を考えるとあまりにも手狭でした。しかしボードからの小額の援助金でチャペルにも使える体育館を建てることができるので、福岡の宣教師社団所有の土地に学校を建設することが決定されました。

　場所が決まるとすぐに、委員会は院長として働く信仰の強いクリスチャンを求め、京都帝国大学出身の條猪之彦氏[22]を選びました。しかし、それから間もなく、條氏が結核にかかっていることがわかり、その後の数カ月間、ケルシィは、列車に乗って條氏の自宅に何度も出向いて学院のことについての打ち合わせをしました。條院長は学院の開校式に出席できただけで、3カ月後には病気のためやむを得ず院長を辞退しなければならなかったのです。

　ケルシィは、クリスチャンであり教育者でもある人物を見つけようと、国内の行けるところはどこにでも出かけました。[23]西南学院を日本の他の学校と較べ

22）條猪之彦（1881-1927年）。熊本県に生まれる。西南学院初代院長。院長在任、1916年2月-1916年7月。病気のため院長を辞任した。

23）坂田祐著『恩寵の生涯』（待霞堂、1966年）に次のように記されている。「私が東大を出て東京学院に就任してから、まだ年月がたたないうちに、福岡の西南学院の院長たるべく招へいを受けた。ある日、西南学院に責任のある南部バプテストの宣教師ドウジャー、ロウ、ボールデンの三氏は、九州より上京し、わざわざ私の宅に来訪され、西南学院の現状を話され、私に学院長として就任するよう懇請された。西南学院の創立第一代の院長は日本人であった。帝大出身の条理学士であった。条氏は就任後間も無く病に冒され、学院

Ⅲ　日本のC.K.ドージャー　159

important for the school to compare favorably with others in Japan, he visited all the boys' schools of other Christian denominations and many of the best government schools to observe their methods.

To get the Education Ministry in Tokyo and the Fukuoka Prefectural Education Bureau to give permission to open a school, and to register it, took many hours of the first year. The officials, however, were glad to welcome another school "if it would not fold up after a few years," and they were most kind to the inexperienced foreigner as he and his Japanese staff went through the long routine that opening a school requires.

There were countless details to be agreed upon by the school committee. The rules and regulations had to be drafted. Even the monogram, the school colors, the color and buttons of the uniforms for the students, had to be decided.

When all that was done, there remained yet one big task, and that was to secure students for the school. All primary schools in the city and the neighboring towns were visited and their principals encouraged to send their graduates to the new Christian high school. Advertisements were placed in a number of the leading newspapers. Posters were pasted in public places all over Fukuoka.

"I am tired beyond all description," Mr. Dozier noted frequently in his daily record during the months of preparation. But at the opening exercises of the school, on April 11, 1916, when 105 of the 109 students,[24] the school committee, and about two hundred guests, including government repre-sentatives, were present, he said, "I feel repaid for all the anxious hours." Missionary Calder T. Willingham[25] said that the birth of this mission child was

---

words "from one end of the country to the other" express the zeal of the missionaries at the time of the founding of Seinan Gakuin.

24) According to *Seinan Gakuin Nanajyunenshi*, 119 students submitted applications, and exams were held on April 3 and 4. Out of these,105 passed the exam, and 104 were officially registered as students. The number "109" may come from a misprint in the first edition. (from *Seinan Gakuin Nanajyunenshi*, I, p.289)

25) See Footnote 11.

てより優れたものとするために、他教派の男子キリスト教学校だけでなく、多くの最上の公立学校をも訪問し、彼らの運営の方法を学びました。

東京の文部省と福岡県学務課から学校開設の認可を得、また登記のために、1年目はたくさんの時間を要しました。しかし、関係官庁の担当者は、「2、3年で廃校にならないのであれば」と、学校の新設を歓迎してくれました。さらにケルシィと日本人のスタッフは、開校にかかわる長い諸手続きを終えたのですが、彼らは経験不足の外国人にとても親切でした。

創立委員会が決定した諸事項は数えきれないほどありました。規約や校則の草案から校章やスクール・カラー、学生の制服の色やボタンまで決めなければなりませんでした。

こういう事がすべて終わっても、別の大きな仕事が一つ残っていました。それは学生の確保です。市内や近隣のすべての小学校を訪れ、卒業生が新しいクリスチャン中学校に進学するよう校長先生に薦めてもらいました。多数の主要な新聞に広告を載せ、福岡の公共の場所にポスターを貼ってまわりました。

「言葉には言いあらわすことができないほど疲れた」。開設準備期の数カ月間、ケルシィの日記にはたびたびこのような記述がみられます。しかし、1916年4月11日、開校式には109人の学生の内105人が出席し、また創立委員会、政府からの代理を含む約200人の来賓の出席のもと、ケルシィは「今までの心配もすべて報われたような気持ちだ」と述べました。カルダー・T.ウィリンガム宣教師[25]は、この宣教団の「子」の誕生には前途有望な未来があると述べ、次のように付け加えました。「この子を死なせれば恥となるでしょう」。

西南学院という名がついたこの男子校は、福岡の中心部に杭を打ち下ろしました。最初の年が始まってすぐ、ケルシィは、2年目からはもっと規模を広げなければならないことに気付きました。神は「あなたの天幕に場所を広く取

＼長として在職むづかしくなり、私はその後任として選ばれたのであった」（70頁）。著者の坂田は一端承諾したのであるが、諸事情のため断った。北部バプテスト・ミッションに属していた坂田は、後に関東学院院長となった。「国内の行けるところはどこでも」と記されている如く、ケルシィを初めとする学院創設期の宣教師たちの熱意に打たれる。

24）『西南学院70年史』によると、119名が願書を提出し、入学試験が4月の3、4日に行われた。面接の結果105名が入学を許可された。だが実際に入学したのは104名であった。ここで「109」となっているのは、本書初版時の誤植かと思われる（『西南学院70年史 上巻』280頁）。

25）注11参照。

III　日本のC.K.ドージャー　｜　161

most promising, and added, "It would be a shame to let it die."

Seinan Gakuin, as this boys' school was called, set its stakes down in the heart of Fukuoka. Hardly had its first year begun when Mr. Dozier realized that it would need to be enlarged for the second year. God was saying, "Enlarge the place of thy tent."[26]

Administration of the new day school, teaching classes in both the day and night schools, some responsibility for daily chapels in both, and keeping the treasurer's books for both were a part of the daily routine of Missionary Dozier. Sundays brought a special service for all dormitory students. On Thursday nights came an hour of earnest Bible study with all the professors of the high school.

When Mr. Jo resigned as principal on June 18, 1916, Mr. Dozier was asked to become the head of Seinan Gakuin. At once he began to write to the Board for funds to buy property for expansion and to build one new classroom building to take care of the incoming first-year class in 1917. He also urged that more missionaries be sent to help. A most discouraging reply came from the Board, saying that the need for the building "*could not be met.*"

"The people of America must come to our rescue, or we shall fail to keep faith with the Japanese Government," Mr. Dozier said when the distressing news came. "We have promised the students now in school to lead them on to graduation. I trust God, but his people must awaken."

His diary for February 13, 1917,[27] contains the following prayer, written after a sleepless night:

"God in heaven, this is the situation. Thou knowest our heart's desire. We did not seek our own ease and comfort in choosing Japan as the place where we should spend our days. We felt directed of thee to give our lives to this

---

26) "Enlarge the place of your tent, And let them stretch out the curtains of your dwellings; Do not spare; Lengthen your cords, And strengthen your stakes." (Isaiah 54:2 NKJV)
27) The correct date is February 13, 1927.

れ」とおっしゃっておられたのです。

　新しい学校の運営に加えて、西南学院と夜学校の講義、毎日の昼と夜の２回のチャペルの責任、学院および夜学校の会計の記帳は、宣教師としてのケルシィの日課の一部でした。日曜には、寮に住んでいる学生のために特別礼拝をしました。木曜の夜は、中学校の教員たちと一緒に熱心な聖書研究をもちました。

　1916年６月18日、條氏が院長を辞した時、ケルシィは西南学院の院長となるよう依頼されました。ケルシィはすぐにボードに対し、学校の敷地拡張と次年度1917年の新入生のための教室を一つ建てるため、資金供給を願い出ました。また、学校を助ける宣教師をもっと派遣して欲しいとも書きました。一番がっかりする返事がボードから返ってきました。それには、建物の拡張の「要望に沿うことはできない」と書いてあったのです。

　この痛ましい知らせを聞いた時、ケルシィは、「アメリカの人々は、私たちを助けなければならない。さもなくば、私たちは日本政府との信頼を保つことはできないだろう。現在在学中の学生たちには卒業させることを約束している。私は神を信じている。しかし、クリスチャンは目を醒まさなければいけない」と言いました。

　1917年２月13日のケルシィの日記には、祈りの言葉が以下のように記されています。眠れない夜を過ごした後に書かれたものです。

　天にまします神よ。これが今の状態です。あなたは私たちの心の願いをご存じです。私たちが日本を自分の一生を捧げる場所として選んだのは、自分の安楽や快適さを求めるためではありませんでした。私たちは、自分の生涯を日本人のために捧げよ、というあなた様からの導きを感じたのです。日本人は何にもましてあなたを必要としています。あなたの腕が短かすぎて、彼らを助けることができないということはありません。どうかこの時、あなたのこの僕に、あなたの御意をお示し下さい。もし、西南学院があなたの植え付けたものでな

26）あなたの天幕に場所を広く取り　あなたの住まいの幕を広げ　惜しまず綱を伸ばし、杭を堅く打て（日本聖書協会『聖書　新共同訳』イザヤ書54章２節）。
27）正しい日付は「1927年２月13日」である。
28）主の手が短くて救えないのではない（日本聖書協会『聖書　新共同訳』イザヤ書59章１節）。

Ⅲ　日本のC.K.ドージャー　｜　163

people. They need thee above all else. Thine arm is not shortened that thou can'st not help.[28] Show thy servant thy will at this time. If Seinan Gakuin is not of thy planting, speedily open our eyes that we may close it. If it is of thy planting, water it. We certainly do not desire to be putting our lives into an enterprise in which thou art not interested and blessing. We want to do thy will, O God, as we see it revealed in Jesus Christ."

Because there was no assurance that the school could continue beyond the first year, the number of applicants for admission was much smaller the next year. A letter and a cable went to America. The reply by cable was $600.00[29] for the school.

Was it too little? Yes, but it brought new hope. With the $600.00 and the money from the sale of the first location, a seaside location was purchased, the seminary and gymnasium buildings were rebuilt, and a cheap classroom structure [was] erected.

Public confidence was restored when people saw the buildings going up on the permanent location of Seinan Gakuin. Later commercial and English literature departments of the college, and then the seminary (which was combined for a time with the Northern Baptist seminary in Tokyo), were added to the school. The night school down in the city had to be discontinued for lack of a place in which to teach.

To his heavy schedule Mr. Dozier added the pastoral duties of the new Seinan Gakuin Baptist Church. On the days when he taught spoken English in the literary college he had some time for relaxation. The students did most of the work, and the teacher enjoyed helping them over the rough places in the English language. One day he asked a bright boy to repeat what he had told the class in a previous lesson, namely: "Many years ago when missionaries went to foreign lands, they took their lives in their hands." The

---

28) "Behold, the Lord's hand is not shortened, That it cannot save;" (Isaiah 59 : 1a NKJV)

29) The figure of $600.00 seems to be a misprint. In *Seinan Gakuin Nanajyunenshi* (I: p.289), the figure is $6,000.

いなら、私たちが閉校できるように、速やかに私たちの目を開いて下さい。あなたの植え付けたものであるなら、水を注いで下さい。私たちはあなたの御意（みこころ）でないことや、あなたが祝福なさっていない事業には、決して命を差し出したりしません。あー神よ、私たちは、イエス・キリストがお示しくださったように、あなたの御意（みこころ）を行いたいのです。

　西南学院が、2年目を迎えるという保証はなかったので、次年度の志願者はずっと少なくなっていました。手紙と電報がアメリカに送られました。電報でとどいた返事は、西南学院への600ドル[29]の援助でした。

　読者は、それは少なすぎるんじゃないか、と思われるでしょう。確かに少なすぎる額でした。しかしこれにより、新しい希望が生まれました。600ドルと当初の土地の売却金を合わせて、海沿いの土地を購入しました。神学校と体育館が建て直されました。そして費用をおさえて教室が建てられました。

　永続的な場所に西南学院の建物が建てられていくのを見て、対外的な信頼も回復しました。後になって西南学院に、高等学部商科、文科、さらに神学科[※]（一時的に、東京の北部バプテスト神学校と合併していた）が開設されました。ただ都市部で行っていた夜学校は、教室が足りなくなり継続できなくなりました。

　ケルシィは、すでに多忙なスケジュールに加えて、新しくできた西南学院バプテスト教会の牧師の仕事もすることになりました。高等学部文科で英会話を教える日は、リラックスできる時間がありました。学生がほとんど自分たちで勉強をし、教師は学生の英語の間違っているところを直すように手助けをするだけでよかったからです。ある日ケルシィは、前回の授業で教えた事をもう一度言ってみよ、と利発な男子学生に言いました。前回の内容とは、「何年も昔のこと、宣教師たちが外国の地に行った時、彼らは自分たちの命（lives）を死の危険にさらしたのだ」ということでした。ところがその男子学生は、「何年も昔のこと、宣教師たちが外国の地に行った時、彼らは、自分たちの妻（wives）を死の危険にさらしたのだ」と言ってしまったのです。Lは日本人にはとても発音するのが難しい文字なのです。

---

29) 6000ドルの印刷ミスかと思われる（『西南学院70年史 上巻』289頁）。
※高等学部の原文は the college である。1921年に西南学院高等学部（文科・商科）が開設され、1922年に神学科が増設された。高等学部は4年制であった。

Ⅲ　日本のC.K.ドージャー　｜　165

student replied, "Many years ago when missionaries went to foreign lands, they took their wives in their hands." *L* is a very difficult letter for the Japanese to pronounce.

The high school faculty room usually rang with merry laughter when the principal dropped in to cheer the teachers. They liked to hear his puns, or his play on words, which are a much appreciated form of joking in Japan.

His greatest concern was for the spiritual results in Seinan. Often, as he walked under the great pines on the campus between his home and the school, he prayed that the school might become a great spiritual power and that he might be given strength to lead it through any difficulties. He rejoiced when he was called upon to baptize students and teachers in the sea beyond the campus.

When problems of conduct arose at Seinan, Mr. Dozier, as principal, often said, "I wish I did not have to discipline the boys, but I must be faithful." Many of the students remember his scolding them for their lack of co-operation. One said: "I was scolded for cutting class, then lying about it. It was my first experience of having a teacher weep as he scolded me. I could not do something again to grieve him."

Sunday sports were a problem that sprang up now and again. Mr. Dozier said: "It may seem hard, but I am determined that the school which is Christian shall not disregard the Sabbath." He often reminded the students that Seinan Gakuin was not to wish for renown as an athletic institution but as one that developed intellectual power. On the other hand, when parents brought their sons to apply for admission to the school and said, "We want you to make our boys Christians," Mr. Dozier's inevitable answer was: "We do not *make* Christians. We shall faithfully teach your sons the truth and let them make their own decisions."

His home was a haven to him. His study was really a *study*. He was able to relax there with many a good book supplied by a wife who understood his need. There he prepared his lectures and sermons. And he spent hours there with friends, sharing their personal and spiritual problems.

高等学部の職員室は、ドージャー校長が教師たちを元気づけようと立ち寄ると、いつも笑い声が響き渡っていました。ケルシィがだじゃれを言ったり言葉遊びをしたりするのが、教員の間では受けていました。だじゃれや言葉遊びは日本人の好む冗談です。

　ケルシィが一番気にしていたことは、西南の霊的成果でした。ケルシィは、自宅と学校の間にあるキャンパスの松の大木の下を歩く時、西南が偉大な霊的力を持ち、どんな困難にぶつかってもそれを乗り切れる力が与えられるように、たびたび祈りました。学生や教師からキャンパスのそばの海で洗礼^{バプテスマ}を授かることを依頼されると、彼は喜びに溢れていました。

　西南で学生の問題行動が発生すると、ケルシィは校長として「学生に処分を与える必要がなかったならば、どれほどよいであろう。しかし、私は信仰をごまかすことはできない」とたびたび言いました。協調性に欠けているという理由で、ケルシィから叱られた、ということを覚えている学生がたくさんいます。ある学生はこう言いました。「僕は授業をさぼり、そのことで嘘をついたので叱られた。僕を叱る時、涙を流しておられる先生というのは、僕には初めてのことだった。先生を再び悲しませるようなことを僕は出来なかった」。

　日曜日に行うスポーツは、時々突発する問題でした。ケルシィは「厳しいかもしれないが、キリスト教を信奉する学校は、安息日を軽視すべきではないと、私は固く決めている」と言いました。ケルシィはよく学生たちに、西南学院はスポーツで有名であることを望まない、知性の力を啓発することで有名になることを望む、と念を押していました。その一方で、両親が息子を連れて入学願書を持ち、「私たちの息子をクリスチャンにして下さい」と頼むと、ケルシィの答えは決まって「私たちは、クリスチャンをこしらえる（make）のではありません。私たちは、皆さんの息子さんに誠実に真理を教えます。クリスチャンになる決心をするのは、息子さん自身なのです」というものでした。

　ケルシィにとって家庭は安息の地でした。彼の書斎は文字通りに書斎（study）でした。彼はそこでたくさんの良書に囲まれてくつろぐことができましたが、その書物は、彼が必要とすることを理解した妻によって備えられました。ケルシィは書斎で講義と説教の準備をしました。またそこで友人と会い、個人的な悩みや霊的な問題を分かち合ったのです。

　「お父さん、何かお話してよ」と、ケルシィの二人の子供、エドウィンとヘレ³⁰⁾

"Father, a story, please," was a frequent request from Edwin[30] and Helen,[31] the Doziers' two children. And he was always glad to grant it. He believed that his children, too, should be witnesses for God to the people among whom they lived. Japanese Sunday school and church, Christmas and Easter programs, and awards on special Sundays brought as great joy to the Dozier children as it did to their parents. When both of the children were baptized and became members of the Fukuoka church, their father's joy was boundless. He encouraged them to help keep the family expenses down. Yet, even with their careful economy, their education required more than half the family income.

One of the severest trials of the Dozier home was the day when Edwin had to go off to college.[32] His father prayed for him through every day of their separation and sent a weekly letter of love and encouragement. Later when Edwin and his wife went to Japan to give their lives in service to the Japanese people, he wrote in his diary, "No joy could have been greater."

After her high school days in Kobe, Helen spent one year with her parents before going on to college. She was the sunshine of her father's heart. When he could leave his office for a little while, he and Helen would take long walks through the near-by rice fields. She practiced piano lessons at night while her parents studied. "Her music helps me study," her father said.

He often spoke of the way God had honored him by calling both of the children into his service in Japan. His last words concerning them were, "I know they will carry on." Today both are serving as missionaries in Japan, Edwin under the Southern Baptist board and Helen, with her husband, under another board.[33]

---

30) Edwin Burke Dozier (1908-1969) was the 9th chancellor of Seinan Gakuin (1965-1969).

31) Helen Dozier (1910-2005). See footnote 33.

32) Dozier entered Wake Forest College in North Carolina in 1926 and was graduated in 1929. He entered The Southern Baptist Theological Seminary that same year and was graduated in 1932.

33) Helen married Timothy Pietsch (1913-1992), and served in Tokyo at the Tokyo Bible Center (*Christian Yearbook*, 1996).

ンはよくねだりました。彼はいつも喜んでお話を聞かせてあげました。ケル
シィは、自分の子供たちも彼らが住んでいる日本の人々に、神のことを証しす
る人にならねばならないと信じていました。日本の日曜〔教会〕学校と教会、
クリスマスとイースターの行事、その他の特別な日曜日に貰えるご褒美は、
ドージャー家の子供たちにもその両親にも実にうれしいものでした。子供が二
人とも洗礼（バプテスマ）を受け、福岡教会の教会員となった時、父親ケルシィの喜びはたと
えようもないほどでした。ケルシィは、子供たちに家庭の支出を無駄遣いしな
いように勧めていました。しかしいくら節約しても、子供たちの教育費に収入
の半分以上が消えてしまいました。

　ドージャー家にとって一番つらい試練のひとつは、エドウィンが家を離れて、
大学に進まねばならぬ時でした。父親のケルシィは、毎日離れている息子をお
ぼえて祈りました。また毎週、愛と励ましに満ちた手紙を送りました。後にエ
ドウィンと彼の妻が、日本人に自分の生涯を捧げるために日本におもむいた時
ケルシィは「これに勝る喜びは決してないだろう」と日記に書きました。

　ヘレンは神戸の高校を卒業した後、大学に進学する前の１年間を両親と一緒
に過ごしました。彼女は父親の心の太陽でした。少しでも仕事を離れることが
出来た時、彼とヘレンはよく近くの田んぼを長い時間散歩したものです。ヘレ
ンは、夜に両親が勉強している間にピアノの稽古をしていました。「ヘレンの
音楽のお陰で私の勉強が進む」とケルシィは言いました。

　神が、私たちの二人の子供を日本における奉仕へと召してくださった。こう
して神は私に栄誉を授けてくださったのだ、とたびたび話しました。子供たち
に関する彼の最後の言葉は「彼らが引き継いでくれることは、私にはわかって
いる」でした。現在二人の子供は、宣教師となり日本で奉仕しています。エド
ウィンは南部ミッション・ボードから派遣されており、ヘレンは夫と共に別の
伝道団体から派遣されています。

---

30) Edwin Burke Dozier（1908-69年）のこと。のちに西南学院第9代院長となった。院長在
　　任、1965-69年。
31) Helen Dozier（1910-2005年）のこと。注33。
32) ノースカロライナ州のウェイクフォレスト大学のこと。1926年に入学し1929年に卒業し
　　た。同年ケンタッキー州のサザン・バプテスト神学校（Southern Baptist Theological
　　Seminary）に入学、1932年に卒業した。
33) 結婚してヘレン・ピーチ（Helen Pietsch）となり、東京で伝道。TBC（Tokyo Bible Center
　　東京聖書センター）所属。

On July 31, 1929, Mr. Dozier resigned as president of Seinan Gakuin. "I have tried to be faithful these thirteen years, "he said," but at no time have I felt that I was the right man for the position."

"No man can claim the glory for this institution," he added. "It is the result of the love, prayers, and sacrifices of many men and women."

The strain of almost twenty-three years of evangelistic and eduational work in Japan had weakened Mr. Dozier's heart, and his physician said it must have rest. He left the active work of the school, but continued to serve as a trustee of both Seinan Gakuin in Fukuoka and Seinan Jo Gakuin, the girls' school in Kokura. He was treasurer of the mission, and preached in churches of the North Kyushu and Nagasaki fields until the last days of his life. After his retirement, he and Mrs. Dozier made their home at Kokura, living in a home near the girls' school.

Sometimes the Japanese people seemed to think that he represented the spirit of America, but his reply would always be: "I have not come to represent the United States, but as a representative of Jesus Christ." Yet his feeling of unworthiness was expressed in his love for the song:

"Just as I am without one plea,[34]
But that thy blood was shed for me."

When Mr. Dozier's heart gave way, two heart specialists, neither of them Christian, left their work at the Fukuoka University Hospital[35] to treat him in Kokura. One of them stayed by his bedside for a week. Teachers and students at Seinan Gakuin came in groups from Fukuoka to bring flowers and pray outside the home. The faculty and the girls of Seinan Jo Gakuin joined in prayer, while pastors called special seasons of prayer in their churches for their missionary friend. On May 31,1933, his brave spirit left

---

34) Tune ST. CRISPIN, Japanese Hymnal #271.

35) Referring to Kyushu Teikoku Daigaku Igakubu Fuzoku Iin, presently Kyushu University Hospital.

1929年の7月31日、ケルシィは西南学院の院長を辞しました。「この13年間、私は忠実でありたいと努めてきた。しかし自分が院長の適任者であると思ったことは決してなかった」と彼は言いました。

　さらに彼はこうも言いました。「いかなる人も、この学院の栄光を自分のものだと言うことはできない。学院はおおぜいの人々の愛と祈りと犠牲の成果なのだ」。

　日本でのおよそ23年間にわたる伝道と教育の働きの重い負担は、すでにケルシィの心臓を悪くしていました。医者からは、休息すべきであると言われました。ケルシィは学校の第一線の仕事を離れましたが、福岡の西南学院と小倉の西南女学院の理事としての奉仕は続けました。彼は宣教師社団の財務担当でした。また自分の命の尽きる日まで、北九州と長崎の諸教会で説教をしました。退職の後ケルシィと私は小倉を居住地とし、西南女学院近くの家に住みました。

　時たま日本人は、ケルシィはアメリカの精神を代表していると思ったようですが、しかし彼の返事は必ずこうだったに違いありません。「私はアメリカ合衆国を代表するために来たのではない。イエス・キリストの使節として来たのだ」。さらに、彼が自分がその務めに相応しくないという思いは、彼の愛唱讃美歌の歌詞に明らかにされていました。

　「いさおなき我を、血をもて贖い、イエス招き給う、許にわれゆく」[34]

　ケルシィの心臓がいよいよ悪くなった時、二人の心臓専門医が（二人ともクリスチャンではありませんでしたが）小倉にいるケルシィを治療するために、福岡の大学病院[35]の仕事を休んでやって参りました。その中の一人は、ケルシィの枕元に1週間ずっと付き添いました。西南学院の教員や学生は、花をたずさえ家の外で祈るために、福岡からグループをなして小倉にやって来ました。西南女学院の教師と女学生たちは、祈りに加わりました。一方、牧師たちはそれぞれの教会に、彼らの宣教師である友人ケルシィのために、特別な祈りの時を持つようにと呼び掛けました。1933年5月31日、彼の立派に戦い抜いた魂は、ひどく苦しんだその肉体を離れ、主と共に在る永遠の交わりを目指して天へと帰ってゆきました。彼は西南女学院構内の丘陵地に、休息の眠りにつくために埋葬[36]

34）教団讃美歌271番。
35）当時の九州帝国大学医学部附属医院（現在の九州大学病院）のこと。
36）「書き記せ。『今から後、主に結ばれて死ぬ人は幸いである』と」"霊"も言う。「然り。＼

Ⅲ　日本のC.K.ドージャー　171

his tortured body for eternal fellowship with his Master. He was laid to rest[36] on the hillside of Seinan Jo Gakuin campus.

Dr. Y. Chiba,[37] president of the seminary at Fukuoka, and an associate of Mr. Dozier, said: "He did his work faithfully. Perhaps that is the reason God has called him early. His character was as clear as crystal. He was a man of strong conviction, a good mixer, and he saw the good and not the evil. He received little money for the work committed to him, but he was always hopeful. Had he not been a man of faith, he could never have worked so hard."

Rev. Kamori Shimose,[38] Mr. Dozier's pastor for many years and president of the Japan Baptist Convention, said, "His faith was the greatest thing about him."

Above the platform in the chapel[39] at Seinan Gakuin, which is now a university, and on his tombstone is written the last message that Kelsey Dozier sent to the school for which he had given most of his life: "*Seinan yo Kirisuto ni chujitsu nare*" (Seinan, be true to Christ).

---

36) "Write: 'Blessed are the dead who die in the Lord from nowon.'" "Yes," says the Spirit, "that they may rest from their labours, and their works follow them." (Rev 14:13 NKJV)

37) Yugoro Chiba (1870-1946), born in Sendai, served as a Baptist pastor. The president of Fukuoka Baptist Seminary (1907), and as the chancellor of Kanto Gakuin (1932-1937).

38) Kamori Shimose (1877-1955) was the 5th chairman of the Board of Trustees of Seinan Gakuin (1934-1946). He served as a pastor of Fukuoka Baptist Church (1911-1944).

39) This building was used as the chapel for Seinan Junior-Senior High School through March, 2003. Presently, it houses the University Museum (Dozier Kinenkan). The chapel on the second floor is used regularly for weddings, lectures and concerts, and the Theology Department meets here weekly for its chapel services.

されました。

　福岡神学校の校長であり、ケルシィの友人であった千葉勇五郎博士[37]はこう言いました。「彼は自分の仕事を忠実に果たした。神が彼をかくも早く召されたのは、おそらくそのためだ。彼の性格は水晶のように澄んでいた。彼は強い信念の男であり、人と人の間を上手につなぐ人物であった。また彼は善なるものを見て、悪なるものは見なかった。任された仕事の報酬は、ほとんど受け取らなかった。しかし、いつも希望に溢れていた。もし彼が信仰に生きた人でなかったら、決してこれほど猛烈に働きはしなかっただろう」。

　長年ケルシィの牧師であり、日本バプテスト西部組合理事長でもあった下瀬加守牧師[38]は「彼の一番偉大なところはその信仰であった」と言いました。

　西南学院のチャペルの（現在そこは大学となっていますが）講壇の上に[39]、さらに彼の墓石の上に、ケルシィ・ドージャーがその生涯の大部分を捧げた学校に対する最後の言葉が記されています。「西南よ、キリストに忠実なれ」（Seinan, be true to Christ）。

　彼らは労苦を解かれて、安らぎを得る。その行いが報われるからである」（日本聖書協会『聖書 新共同訳』ヨハネの黙示録14章13節）

37) 千葉勇五郎（1870-1946年）。仙台に生まれ、バプテスト教会の牧師として仕えた。福岡バプテスト神学校長（1907年）、関東学院院長（1932-37年）等を歴任した。

38) 下瀬加守（1877-1955年）。福岡バプテスト教会牧師、1911-44年。西南学院第5代理事長、1934-46年。

39) 西南学院中学・高校のチャペルとして2003年3月まで使用されたが、現在は大学博物館（ドージャー記念館）となっている。建物の2階部分は今も結婚式、講演会、コンサート等のため、また神学部のチャペルのため毎週使われている。

Ⅲ　日本のC.K.ドージャー　｜　173

Postscript

About the author of this book

The author was born in Statesville, North Carolina, U. S. A., on September 18, 1881. After she received the B. A. degree from Meredith College in 1903, she went to The Southern Baptist Theological Seminary. She married C. K. Dozier on June 6, 1906, and on September 4, only three months later, they left for Japan to do mission work there. They arrived in Nagasaki on September 27, and they devoted themselves to evangelism and education in Japan. Ten years later she had a share in the founding of Seinan Gakuin, a boys' school, in April 1916. They never left Japan except in 1941 when the relationship between Japan and the U. S. became very bad, and they were deported to the U. S. They loved Japan as their second home country.

For her numerous contributions to Japan, the author received the 20th West Japan Culture Award in 1961 from Nishinihon Newspaper in Fukuoka City. In her later years she went back to the U.S. to receive medical treatment. She passed away in 1972 at the age of 90 at Baptist Memorial Hospital in Texas.

She wrote the following books, two of which were published in Japanese.

Charles Kelsey Dozier of Japan: A Builder of Schools, Broadman Press, 1953.

Furusato e no Michi (Way to My Home), Jordan Press, 1959.

Dendousha no Tsuma (The Wife of an Evangelist), Jordan Press, 1961.

About this book

This book is a translation of Charles Kelsey of Japan : A Builder of Schools, which was published by Broadman Press in 1953. The original book has only 24 pages, but it is a very precious memoir because it was written by the wife of C. K. Dozier. Dozier came to Japan as a missionary and became a founder of Seinan Gakuin, a boys' school, in a country that was foreign to him. This book shows us how much Dozier loved Seinan Gakuin, its students, Japan, and the Japanese people. Founding a school is such a huge project, it was only possible because of the work of this extraordinary couple.

あとがき

本書の著者について

　著者は、1881（明治14）年9月18日、米国ノースカロライナ州のステーツヴィルに生まれた。1903（明治36）年、メレディス・カレッジでB.A.を取得後、サザン・バプテスト神学校へと進んだ。1906（明治39）年6月6日C.K.ドージャーと結婚しわずか3カ月後の9月4日に日本伝道に出発、9月27日に長崎に到着した。夫であるC.K.ドージャーを助けて伝道と教育に献身し、10年後の1916（大正5）年4月の西南学院の創立に参加したのである。1941（昭和16）年に日米関係が険悪となり、帰国勧告を受けて帰米した以外、日本を第2の故郷のように愛して日本に住んだ。

　なお著者は1961（昭和36）年、多年の功績が認められて、福岡市にある西日本新聞社から第20回西日本文化賞を受賞している。彼女は1964（昭和39）年病気療養のため帰米し、1972（昭和47）年テキサスのバプテスト記念病院において逝去した。90歳であった。

　著者は次の書物を著わした。うち2冊は日本語で出版された。

Maude Burke Dozier, *Charles Kelsey Dozier of Japan : A Builder of Schools*, Broadman, 1953（昭和28）年。

　C.K.ドージャー夫人著『ふるさとへの道』ヨルダン社、1959（昭和34）年。

　ミセス・C.K.ドージャー著、遠藤暲子訳『伝道者の妻』ヨルダン社、1961（昭和37）年。

本書について

　本書はBroadman社より1953（昭和28）年に出版された*Charles Kelsey Dozier of Japan : A Builder of Schools*の翻訳です。原書はわずか24頁ですが価値ある貴重な資料です。本書は宣教師として異国日本において、西南学院という学校を創立したC.K.ドージャーの妻の手になるものです。

　本書を通し、私たちはC.K.ドージャーが如何に西南学院という学校とそこに学ぶ学生、日本と日本人を深く愛していたかが分かります。

C. K. and his wife came to Japan at the end of the Meiji era. In this book the wife tells us vividly from her point of view about how they carried out their difficult Christian mission work. It tells us about the language that was totally different as well as the people's lifestyle and dwellings which were all foreign to them. It also talks about various kinds of hardships that they endured in order to start the school: busy days and many problems that happened one after another, and about their unyielding faith, faithful prayers, family life, prayer and love for their children. You will find that C. K. never lost his sense of humor even in very difficult times, that he was not a person who was after money at all, and that the author loved and respected her husband very much.

We also should not forget about C. K. Dozier's colleagues who cooperated with him. This book indicates that their solidarity was the key to the establishment of Seinan Gakuin. He said, "No one can insist on the glory for this school. This school is an accomplishment of a lot of people's love, prayer and sacrifice." These are very modest and impressive words. When he referred to "a lot of people," it included not only the missionaries at the time but Japanese people: teachers, school staff and students at the beginning of the establishment of the school, as well. These words are still alive today and still speak to us.

It is not an overstatement to say that without C. K. Dozier, Seinan Gakuin would not have been established. In the beginning, J. H. Rowe was designated to assume the responsibility for setting up a new school, but when his wife became ill, he could not complete the task. The Japan Baptist Mission decided that Dozier would take over in order to see the project through. An ordinary individual might not have been able to overcome all the obstacles, but Dozier brought the dream of Seinan Gakuin to a reality. In the early years, a lack of funds that would close the school was always a concern. To read Dozier's impassioned prayer at that time moves our hearts. He had a strong, deep faith in Christ. In addition, he seemed to have an innate sense of how to organize a school and what it would take to insure its future. The reader will surely get a picture of Dozier's heart as well as his business sense from his address on the 15th anniversary of the founding of the school, included as an Appendix to this book.[1]

---

1) When this book was reprinted, this section was moved to on page 90.

本書には、著者が夫C.K.ドージャーと共に明治の末期に来日し、キリスト教の伝道という困難な勤めを果たしていく様子が生き生きと描かれています。住居や言語、生活習慣の違い、夫が学校を開設するに至るまでの奮闘と多忙な生活。次々と発生する問題、困難に負けない信仰、祈りと涙。夫妻の家庭と子女への愛情、困難な中にも失われない夫のユーモア、著者の夫への愛と尊敬などです。

　C.K.ドージャーと共に働いた同僚の宣教師たちの協力も忘れることはできません。西南学院の創立には、彼らの一致した協力が存在したことが本書からうかがわれます。「いかなる人も、この学院の栄光を主張することはできない。学院はおおぜいの人々の愛と祈りと犠牲の成果なのだ」というC.K.ドージャーの言葉は謙虚であり感動的です。彼が言う「おおぜいの人々」には当時の宣教師のみならず、学校創立初期の日本人、教師、職員、学生も含まれると推測されます。彼のこの言葉は現在にまで続いているのであり、私たちにも語りかけています。

　しかし、C.K.ドージャーという一人の人物なしには、西南学院は創立されなかったでしょう。最初はJ.H.ロウが創立開校の責任を負っていましたが、ロウ夫人の病のために適いませんでした。それで止む無く宣教団の要請により、ドージャーが引き受けざるを得ませんでした。並みの人物ならば、到底処理できなかったであろう様々な困難を乗り越えつつ、西南学院を開校にまで導いたのはドージャーでした。創立の当初、資金不足で閉校の危機に追い詰められたことがあり、その時のドージャーの声涙あふれる熱心な祈りを読めば胸が熱くなります。キリスト者としての彼に深く強い信仰がありました。彼には生まれたままの学校の維持運営、さらには将来のための基礎を据えるという一大事業のための才覚が併せ備わっていました。追補として収録した創立15周年の彼の言葉からもそのことが分ります。[1]

　原書に注は一切ありませんでしたが、遠い時代のことでもあり、現在の読者のことを考えて全て訳者がつけました。日本語にまだ十分親しんでいない宣教師や外国人学生にも、読んでいただきたいという願いからこの形になりました。また、キリスト教を知らない中高生が読んでもわかるように配慮したつもりです。

1）西南学院100年を記念する本書構成のため、その内容は90頁に記されています。

In the original book, there were no footnotes; however, I, as the translator, put them in so that the reader today will understand better this story from long ago. It would be my pleasure if missionaries or foreign students who are not yet familiar with Japanese could enjoy reading it. I have also tried to write in such a way that junior-senior high school students who know little about Christianity can understand what is written here.

I hereby express my thanks to Dr. Leroy Seat, Chancellor of Seinan Gakuin, who helped me get the permission to translate this book and gave me invaluable advice about the translation, and to Rev. Lydia Barrow-Hankins, the Chaplain of Seinan Gakuin, for advice and proofreading, and Mrs. Wakako Pennington from Fukuoka International Church, who first translated this book for me. I also thank Mrs. June Seat, Rev. Izumi Edamitsu, the Seinan Gakuin Public Relations Office, and the school archivist.

Ultimate responsibility for the translation rests with me. I would appreciate it if you would inform me of any misprint or other matters that need correction. I pray that this short book will precisely convey the achievements of C. K. Dozier and will encourage many people to have faith in God.

"These all died in faith, not having received the promises, but having seen them afar off were persuaded of them, embraced them and confessed that they were strangers and pilgrims on the earth." (Hebrews 11:13 King James Bible)

God willing, I plan to donate the profit from the sale of the first 200 books toward the construction of the new buildings for Seinan Junior-Senior High School and any profit thereafter to the C. K. Dozier Scholarship Fund.

March 2002.

Finally, I want to express my sincere appreciation to the late Teruo Tanaka who served as Chancellor and university president at Seinan Gakuin. Prof. Tanaka read the manuscript for this book and affirmed how valuable the footnotes were that I included. He proofread both the Japanese and English making many helpful suggestions. I feel sure that Prof. Tanaka is watching from heaven and rejoicing with us that this book will be republished for Seinan Gakuin's 100th anniversary celebration.

Kiyoshi Seto
October 2015

原書の存在を教えられそのコピーを下さったカルビン・パーカー先生、本書
の翻訳許可の労を取り、且つ校正翻訳全般にわたるご教示をくださった西南学
院院長Ｌ．Ｋ．シィート博士、校正その他に関しアドバイスをくださったリディ
ア・バロウ・ハンキンス西南学院宗教主事、下訳をされた福岡国際キリスト教
会のペニントン和歌子夫人に感謝を申し上げます。本書を読みアドバイスをく
ださったジューン・シィート夫人、さらに枝光泉牧師、西南学院広報課と資料
室、その他にもご協力をいただいた方々に感謝を申し上げます。

　翻訳等に関する責任は私にあり、誤記その他ご指摘くだされば幸いです。こ
の小さな書物がＣ．Ｋ．ドージャーの業績を正しく伝えて、多くの方々の信仰の
励ましとなりますように。

　「この人たちは皆、信仰を抱いて死にました。約束されたものを手に入れま
せんでしたが、はるかにそれを見て喜びの声をあげ、自分たちが地上ではよそ
者であり、仮住まいの者であることを公に言い表したのです」

（日本聖書協会『聖書 新共同訳』ヘブライ人への手紙11章13節）

　神がもし許してくださるなら、最初の200冊分の収益は中高の新校舎建設
のために捧げます。あとはＣ．Ｋ．ドージャー奨学金に捧げます。

［2002年3月記］

　最後に西南学院院長・学長をされた故田中輝雄先生に感謝を申し上げます。
先生は本書を一読し喜んでくださいました。「Footnotes もとても役に立ち有益
です」とも言われました。英語と日本語の全体をチェックされ、多くの貴重な
ご指摘をくださいました。今は天にある田中輝雄先生は、学院創立100周年に
際しこのような形での本書の再版をきっと喜んでくださるでしょう。

　2015年10月

瀬戸毅義

■参考文献

Annual of the Southern Baptist Convention 1917. Nashville : Marshall & Bruce Co., 1917.

故ドージヤー院長記念事業出版委員会編『ドージヤー院長の面影　A MEMOIR OF C. K. DOZIER』西南学院、1934（昭和 9 ）年。

『西南女学院三十年史　HISTORY OF SEINAN JO GAKUIN（1922-1952）』西南女学院、1952（昭和27）年。

C．K．ドージャー夫人著『ふるさとへの道』ヨルダン社、1959（昭和34）年。

『日本バプテスト連盟史（1889-1959）』日本バプテスト連盟、1959（昭和34）年。

ミセス・C．K．ドージャー著、遠藤障子訳『伝道者の妻』ヨルダン社、1961（昭和37）年。

坂田祐著『恩寵の生涯』待晨堂、1966（昭和41）年。

伊藤祐之著『忘れえぬ人々』待晨堂、1968（昭和43）年。

『新制度　西南学院中学校　三十年の歩み』西南学院、1977（昭和52）年。

『西南学院資料集　第 1 集、第 2 集』西南学院、1980（昭和55）年。

Whaley, Lois. *Edwin Dozier of Japan* : MAN OF THE WAY. Birmingham : Woman's Missionary Union, 1983.

『西南学院70年史』（上、下）西南学院、1986（昭和61）年。

『キリスト教人名辞典』日本基督教団出版局、1986（昭和61）年。

Parker, F. Calvin. *Southern Baptist Missions in Japan : A Centennial History.* Tokyo : The Japan Baptist Mission, Foreign Mission Board, *Southern Baptist Convention,* 1989.

Parker, F. Calvin. *The Southern Baptist Mission in Japan 1889-1989.* Lanham, Maryland : University Press of America, 1991.

『西南学院の歩み　Seinan Gakuin's Path to the Present 1916-1992』西南学院、1992（平成 4 ）年。

『SEINAN SPIRIT──C．K．ドージャー夫妻の生涯』西南学院、1996（平成 8 ）年。

枝光泉著『宣教の先駆者たち──日本バプテスト西部組合の歴史』ヨルダン社、2001（平成12）年。

■訳者略歴

瀬戸毅義（せと　きよし）

1940年、石川県生まれ。1963年、西南学院大学文学部英文学科卒業。1966年、同大学神学部神学科・専攻科卒業。1980年、The Southern Baptist Theological Seminary（サザン・バプテスト神学校）卒業。元西南学院中学校・高等学校聖書科教諭。元日本バプテスト連盟牧師。訳書『信じること働くこと　ジミー・カーター自伝』（新教出版社、2003年）等。

IV
資料

思い出の記

父を語る

E. B. ドージャー

　父はいわゆる秀才とは決して言えないのだ。平凡な人間で、神にあやつられたのであったと思う。いろいろと父に聞かされたのですが、日本に最初来たのも神が自分を無理やりに引っ張ったと申していました。父は、自分では決して日本語のような難しい言葉を覚えられないと思った。だから最後まで非常に立派な日本語をしゃべったとは言われないと思う。しかし、人を愛し、また人の幸福を思ってむりやりに話すようになった。父は自分としては伝道に専心するつもりであった。しかし、やがてバプテストの伝道に教育が伴わなければならない事を知ったのです。また宣教団がむりやりに院長に選んだ時、父は自分は適任であると思わなかったのだ。しかし、選ばれた上はベストを忠実につくすのが任務と思った。父にとって、"BEING FAITHFUL"「忠実である」事は一生の中心的思想であった。小さい事にも大きい事にも忠実であればよいと思った。平凡なもの

も、忠実であれば世にこうけんする事ができると信じた。西南学院にこういうしんねんをいつも生かしてもらいたいと思う。平凡な者と忠実な者が世に多くあれば秀才がなくても健全な社会が続くであろう。

　父は自分自身を神にささげたものと信じた。自分の意見の先に聖書の真理を思ったのである。子供の時に、僕は非常に早起をしたと思った時でも、父は既に書さいに聖書を読んでいたのをたびたび覚えている。また時に祈っていた。時々涙をながして祈っていた。どうして泣いたのだろうと思った事がある。ある時には僕が悪かったから、父を泣かせた事もあったと思う。それを思うと、実に今、僕の心はいたいのだ。西南のために父はよく泣いた。心から学院の先生、学生を思うたから泣いたのである。いたずらに泣いたとは思わない。

　父は実に厳しかった。西南の学生はそう思っている。僕もそう思う。だが子供を思う厳しさだった。愛しているから厳しかった。正しいと思った事は子供にも守る事を教えた。守らない時、厳しく叱ったのだ。ヤンチャの僕はよく叱られた。しかし、一度も僕は父の

❖ E. B. ドージャー

1908（明治41）年4月16日、C. K. ドージャー夫妻の長男として、長崎の出島にて誕生。1929（昭和4）年、アメリカ、ノースカロライナ州のウェイク・フォレスト・カレッジを卒業。1932（昭和7）年、メアリー・エレン・ウィリーと結婚。同年12月宣教師として来日。翌年、西南学院高等学部教授に就任。同年西南学院理事に就任。戦争による宣教師引き揚げのため、一時帰米したが、1946（昭和21）年、ミッション・ボードの使節として再来日。

エドウィン・B. ドージャー
(1908－69年。第9代西南学院院長)

1958（昭和33）年、西南学院大学教授に就任。1965（昭和40）年、西南学院第9代院長就任。折しも、当時全国に吹き荒れた大学紛争の嵐の中に身を置き、自ら連日連夜にわたって学生たちと話し合いを行うなど、大学再建のために誠心誠意を尽くして対処した。しかし、その労苦が持病の心臓病を悪化させ、ついに1969（昭和44）年5月10日、61歳の若さでその生涯を閉じた。

E. B. ドージャーは、C. K. ドージャーの遺訓「西南よ、キリストに忠実なれ」を分かりやすく示してほしいとの依頼を受けて、「神と人とに誠と愛を」（Faith and Love to God and Men）と表現していた。その生前の言葉のとおりに、神と人とに誠と愛を捧げつくした生涯であった。

愛を疑った事はない。よく叱った後、僕のため泣いて祈ったことがある。きっと父は毎日、その日の事を神の前に清算したと思う。後にのこらない様に……。それで、今日は叱って明日になって、共に楽しむ事が出来たのだ。多くの者はそれをふしぎと思ったが、父は早くから、主の祈の「我らに負債ある者を我らの免したる如く我らの負債をも免し給へ」を知って信じたのだ。

西南学院に色々な問題もあった。父はいずれの場合にも自分で聖書に教えてある真理を見出そうとした。自分の理解は絶対と申しませんでしたが、他の人が聖書に立脚した証拠を出さなければ、父はあくまでも戦った。自分のためとか、人のためとかは神の義にまたなければならなかった。しかし戦っていた時でも、僕はよく覚えているが、父は反対する者のために泣いて祈った。

父は友にむかって戦うのが実につらかったのだ。しかし主に忠実にありたいため、涙をながして戦った。

父の一生のモットーと言い得るものは、ピリピ書3章の12節から14節であった。「われ既に取れり既に全うせられたりと言ふにあらず、唯これを捉へんとて追い求む。キリストは之を得させんとて我を捉へたまへり。兄弟よ、われは既に捉へたりと思はず、唯この一言を務む、即ち後のものを忘れ、前のものに向ひて励み、標準を指して進み、神のキリスト、イエスに由りて上に召したまふ召にかかはるほうびを得んとて之を追い求む」

こういう気持ちから、父は「西南よ、キリストに忠実なれ」と言ったにちがいないと思う。忠実なものを世は一番必要とするのではあるまいか。学院35年祭、父が死んで19年のこの時、もう一度父の指さしで神を見出す事が出来れば、父は十分に満足するだろう。父は今も、涙をもって読者が主キリストを信ずる事を祈っているにちがいない。
（『西南学院創立35周年記念誌』1951〔昭和26〕年、日本語で書かれた手記）

思い出を語る

杉本勝次（すぎもとかつじ）

先生は明治39年、27歳の時、初めて日本に来られ、爾来27年の間、日本の伝道と教育のために献身し、54年の生涯を日本で終り日本の土となられた。先生がお亡くなりになったのは、昭和8年5月31日、小倉においてであるが、その翌年『ドージヤー院長の面影』と題して、本文176頁、別に英文の部分44頁の追憶録が刊行された。先生の人柄、人格、パーソナリティーを知るのに、これは実に貴重なるものである。惜しむらくは、この本には先生の略歴はあるが、少し詳しい伝記はない。（中略）英文の方では"His Home"とか"Some Last Words"などは特に私に感動を与えた。最後の瞬間まで先生は西南を忘れることができなかった。多くの知人、友人、教え子たちの追慕の文は、皆それぞれに先生のパーソナリティーを躍如たらしめておる。

さて私の先生についての思い出の第一は、私が中学の3年か4年生の時だから、今からざっと67、8年も昔のことである。久留米にバプテストの伝道所が近くにあって、ドージャー先生がよく福岡からお見えになっていた。先生が日本に来られて5、6年位経っていた頃である。英語の讃美歌をいくつも教えてもらった。肩幅が広く、ガッシリした体格の偉丈夫で、声がすごく大きかった。大正3年に私は中学を出て、東京で高校、大学の生活を送ったので、その後7、8年は先生にお目にかかっていなかったけれども、大正12年9月に、先生が自宅を訪ねて下さっ

て、中学部の英語の教師が急に辞められたので、講師として出てもらえないかとお頼みがあった。その前年、私が東京から福岡に帰って来ていたのは、他に目的があっての事であったけれども、先生のその時のお話を私は受諾して、その翌年からは高等学部に移ることになり、かくて西南との縁の糸が離れがたく深いものになってしまった。思えば、その昔、中学生の頃、ドージャー先生を知っていたという縁の糸がやがて西南につながり、私の人生を決定づけたとすれば、それもこれも摂理であろう。

十数年にわたり院長として身命を打ち込んで、西南の経営に当たられた先生を、私は近くにいて見ておった。昭和3年の不幸な事件、それに関連して3教授連袂辞職の事、そのあと翌4年7月、先生の院長辞任、いずれ改めてそれらの経緯を書き綴る機会もあろう。

あと僅かな余白ながら、ここに私は敬愛と感謝の情を籠めて先生とご夫人の美しい人となりを書き記す。先生は天真爛漫、少しのかげりも感ぜられなかった、明朗闊達、男らしい男とはまさにこの人。信仰の人、祈りの人であった。ご夫人はいつも物静かで聡明、料理が上手であった。卒業前には全部の卒業生がお宅に招待された。下瀬牧師夫妻から度々聞いていた話を一つ。明治44年9月、下瀬先生が簀子町の教会の牧師になられ、牧師館に転居され

てきた時、台所の米櫃には米が一杯入れてあり、当座必要なものが買い整えられていた。これはドージャー夫人の心遣いであった由。

（『西南学院大学広報』第48号、1979〔昭和54〕年4月、抜粋）
（西南学院中学部教諭、同高等学部教授、西南学院第7代理事長、福岡県知事）

真実一路
十字架の道を歩んだ人

三善敏夫

私は先生の良い学生ではなかった。幾度か先生を怒らせ、幾度が悲しませた一人であった。その私がどうにか牧師になり、母校の教師となって先生の志を継ぐ者になり得たのは、先生御夫妻の真摯な御指導と温情の故であった。先生の告別式の後、生前の先生の御苦労と温かい心を偲んで、涙のうちに柩を運んだことを思い出す。

先生は直情径行、己が心を偽り、己が信念を裏切るようなことは決して許されなかった。そうして、それに対するイエス、ノーを明確にされた。この故に多くの人に誤解され、裏切られ、つまずかせた。先生のその信念とは何であったか、それはキリストへの忠誠で、先生の生涯を貫いての生命の基盤であった。生きるも死ぬるもキリストのみ栄のため、これが先生の教育のモットーであった。死に臨んで「西南よ、

キリストに忠実なれ」とのこされたのも、その現れであった。もし、西南がキリストを裏切るような学校になったら、閉鎖したほうがよいと口癖のように言われた。イエス・キリストに示された真実一路、十字架の道、それは、この世にはまことに愚かな道ではあったであろうが、このためには決してこの世と妥協されなかった。先生の偉大な点でもあり、また欠点でもあった。

先生の日曜厳守、チャペル強制、禁酒禁煙の禁欲倫理と教育方針はここから出ている。先生はいわゆる良き学校経営者でもなく、教育者でもなかった。ソロバンを度外視され、組織や制度にとらわれないで、一切を神にゆだね、神の言に聞き従われて終始された。

西南が開校されて間もない頃、経営危機に直面したことがある。それは第一次世界大戦後の経済恐慌のあおりを受けた米国南部バプテスト外国伝道局の方針が教会活動を第一とし、学校等教育事業をあとまわしにしたため、西南学院への送金が断たれたからである。先生は徒に策を弄することなく、書斎にこもられた。「もしみ心ならば西南を援けたまえ」と熱祷を捧げられた。不思議にもこの祈りは応えられ、援助の道が開かれ、西南の危機は救われた。先生のこの熱祷がもしなかったならば、今日の西南は存在しなかったであろう。

日曜日厳守について一言ふれよう。先生は日曜日を非常に大切にされた。それは単に神の戒めだからではない。先生はいわゆる律法主義者ではなかった。日曜日こそ人間生活の中心であり、基盤であると確信されたからである。それは、人の魂を活きかえらせ、正しき道に導かれるため、静かに祈り、神と交わる日だからである。信者、未信者にかかわらず、日曜日を大切にしないで粗末にする人は、必ず人の道を誤るとかたく信じておられた。

日曜日問題では、先生も学生もずい分悩ませられたものである。第一、運動部の日曜競技ができない。当時強かった野球部の優勝試合が日曜日と重なったことがある。禁を破って出場し、見事優勝したものの、このことが先生に知れ、選手一同停学処分になった。当時の水町学部長は試合が始まると「日曜に雨を降らし給え」と祈られた由。先生の一徹な頑固さに私も泣かされたことがある。神学生生活最後の夏に、伝道実習のため地方教会に派遣された折のことである。早く帰りたい一心に約束された期限まで辛抱できなくなり、八月下旬早々にして引き揚げて帰校した。先生に挨拶に行くと、先生はいきなり「約束を守りなさい、今から引き返して最後迄やってこい」と叱られた。お土産までもらって、さようならして来たのに今さら引き返すわけにゆかず、困り果てていたとき、夫人が心温まるとりなしをして下さってやっと許していただいた。先生は私の肩

をたたいて、「もう二度とくりかえすな」と呵呵大笑された。

先生のこうした非常識とも見える固さを補ったものは、家庭ぐるみの友情であった。この家庭ぐるみの友情、ことに夫人の心のこもった学生への思いやりは、本当に美しく尊いものであった。ある意味ではこの友情が西南の心情的側面の母胎となって、西南の道を切り拓いて来たとも考えられる。

アメリカ開拓者たちの敬虔、素朴と快活な友情、土着の匂いのする友情、私たちを慰め励まし力づけていただいたことを忘れることができない。夫人が心血を注がれて生まれた児童教育学科についても記したいが、紙面の都合上割愛する。

（『西南学院大学広報』第48号、1979〔昭和54〕年4月）

（1926〔大正15〕年高等学部第1回卒業生、西南学院大学教授）

信仰と実践
爆笑と涙の人

吉原　勝（よしわら　まさる）

私がドージャー夫妻について知ったのは、西南学院中学部に入学後、G.W.ボールデン師を通じてであった。或る日、ボールデン師が、「近くドージャー院長が帰学されるが、その夫人は、神学生の羨望の的だった人で、そのような女性と院長が結婚されたことから

でも、ドージャー院長の偉大さ、人柄が推察できよう」と言われた。まだ14、5歳の私たち生徒には、一種異様な紹介に思えたが、ドージャー夫妻を迎えて、それが真実であることが確認された。ドージャー師の没後一周年を記念して出版された『ドージヤー院長の面影』や、ドージャー夫人著の『日本のC.K.ドージャー 諸学校の創設者』を読んで、ますますその思いを深くさせられた。

信仰と実践の院長。爆笑と涙のドージャー先生。院長のほか、一時、中学部長も兼任されたこの時期こそ、私どもは、独自の指導を夫妻から受けることができた。

精神的な証し人であるドージャー師は、当時「証し、証し」と繰り返し述べられ、主の証し人たるべきクリスチャンの本領を語られた。諸経費の捻出に心労されるドージャー師に対して、県知事や市長が、毎年助成金を学院に贈ろうと好意的な申し出があったが、助成金を受ければ、学院がキリスト教教育を自由に推進する事が制限されるので辞退したという内輪話をされることもあった。

当時の西南では、中学部の大講堂、高等学部校舎、寄宿舎、部長校宅、宣教師館など、新しい建物が軒を並べていた。また、中学部長に竹本仲蔵、高等学部長に水町義夫の両氏が就任、県市からの助成金に頼らなくても、学院

を育てあげ、守り抜こうとの気概に充ちていたようで、詳細はわからなくても、そこで学ぶ学生生徒にも、その気概がピンピンと感じられた。そして、ドージャー師は、学院に招いた人達に、「学院は、大きな学校にするよりは、小さくとも実質ある学校にしたい」と説かれるのが常であった。

このように、福音伝道に、また、教育にと、ドージャー師が努力された背景には、ドージャー夫人の一体的な協力があった。ドージャー師が時おり病気欠勤をされると、謝辞のあとに、家内の看護の労を付け加えられたことによっても、その内助の功をうかがい知ることができる。夫妻は完全な共働者で、夫人は、一見したところ、やせ気味の、しとやかな女性であったが、その反面、筋の通った信念の人でもあった。

後年、ドージャー師がなくなられて後も、夫人は日本人に対するキリスト教教育に深い関心を寄せられ、特に、女子教育に主力を注がれた。女子神学校・西南保姆学院（現在の西南学院大学文学部児童教育学科の前身）の創設に力を尽くされたことは人の知るところであろう。また、夫人は、しばしば卒業生を自宅に招いて予餞会をやって下さったもので、ドージャー・ボーイズと言って、当時の私達を喜び迎えてくれたものである。夫人もまた、度々卒業生から招かれたが、私の家にもお招きし

たことがあった。ドージャー師は、生前、「私は必ず日本の土となります」と口ぐせのように言っておられた。その言葉のように、夫妻は、今、小倉の西南女学院の構内に静かに眠っておられる。「余が夢寐（むび）の間も忘れ能（あた）わざる西南学院に、くれぐれもキリストに忠実なれ」との言葉を遺して……。また、夫妻が手塩にかけて育てられたE. B.ドージャー師も、その精神を受けつがれて、西南学院院長としての職責を果たされた後、父君の傍らに葬られた。親子二代にわたって、米国人として、西南学院のために、ひいては、日本のためにつくされた、その労苦に対して、深い感謝の意を表さずにはいられない。
（『西南学院大学広報』第48号、1979〔昭和54〕年4月）
（中学部卒業生、西南学院高等学校教諭）

創立の精神に立ち返れ

坂本重武（さかもとしげたけ）

先生は至誠の人であり、熱血の人であった。身を持すること謹厳、ピューリタン的であった。そしてすべては堅いバプテストの信仰から出ていた。だから、決して「この世と妥協」しなかった。学生に対しても厳格で妥協をしなかった。禁酒はもちろん、構内では禁煙を強制して、一歩も譲らなかった。また、日曜日を安息日として厳守すべ

きことを教えられた。しかし、日曜日に運動競技ができないことは、学生にとっては我慢できないことであった。そのためにさまざまなトラブルが生じ、ストライキすら起こった。ミッション・ボードの援助により、土地を買い、校舎を建て、キリスト教教育を施し、自己の理想を実現しようとした先生にとっては失望の極みであったろう。先生はついに1929年、院長を辞任された。院長在任13年であった。それから4年後の1933年、先生は小倉において日本の土となられた。病気が重篤となった時、先生は夫人に遺言をされた。その遺言を読むと先生の日本伝道の悲願がそのなかに脈動しているのを感ずる。そして、遺言の最後に、「尚、余が夢寐の間も忘れ能はざる西南学院に、くれぐれもキリストに忠実なれと告げよ」と付け加えられた。これは現在「西南よ、キリストに忠実なれ」と簡略化され、標語として用いられている。しかし、この原文を読み、さらに遺言全体のコンテックストにおいて考えるならば、この教訓が、先生の並々ならぬ西南に対する愛情から出ていることを感じるのである。それはただの西南に対してではない、眠っている間も忘れたことのない西南に対してであり、しかも、くれぐれも、告げてくれというのである。さて、この「キリストに忠実」であるとは、いったいどういうことであろうか。

私たちはいろいろなものに対し忠実でありうる。規則に忠実であるとか、会社に忠実であるとか、あるいはまた所信に忠実であるとか、いろいろである。シェイクスピアは、自己に忠実であれと言っている。この言葉の出てくるのは『ハムレット』劇のなかで、息子のパリ留学を見送るポローニアスの送別の辞の締めくくりとしてであって、

　最後に何よりも大事なことは自己に忠実にあれということだ。そうすれば、夜のあとに昼が続くように、誰に対しても不忠実にはなれないだろう。

と言っている。なるほどその通りである。さすが常識人シェイクスピアの言葉である。しかし、小説家マンスフィールドはその日記のなかで、「なるほど自己に忠実であることは結構だ。しかし、どの自己に対してであるか」と疑問を提示している。なるほど、自己の分裂ということがよく言われる。もし、自己が、「わが欲する所の善は之をなさず、反って欲せぬ所の悪は之をなす」ような自己であるならば、その自己に忠実であることは、舟を刻んで剣を求むるの類であろう。ドージャー先生が、絶対にして永遠不滅のキリストを選んで、これに忠実であることを求められる理由はここにあるのである。

「コリントの信徒への手紙一」（第3

IV　資　料　189

章第10〜11節）に、

　　神から賜わった恵みによって、わ
　たしは熟練した建築師のように、土
　台をすえた。そして他の人がその上
　に家を建てるのである。しかし、ど
　ういうふうに建てるか、それぞれ気
　をつけるがよい。〔なぜなら、すで
　にすえられている土台以外のものを
　すえることは、だれにもできない。
　そして、この土台はイエス・キリス
　トである。〕

とあるが、この聖句のなかの「わたし」
はドージャー先生に、また、「他の人」
は西南人に置き換えることができると
思う。すなわち、ドージャー先生は熟
練した建築士のようにキリストという
土台をすえられた。そして、私たちド
ージャー先生の後に続くものは、その
土台の上に、忠実に家を建てようとし
ているのである。土台を変えることは
誰にもできない。その土台こそ創立の
精神の根源であり、西南スピリットは
ここから発している。ただ、その土台
の上にどのような建物を建てるかを考
えることは、私たちの大事な責務であ
る。
（『西南学院大学広報』第61号、1982〔昭和57〕
年6月）
（西南学院高等学部教授、同大学教授、第3
代西南学院大学学長、第11代西南学院理事
長）

故ドージャー先生を仰ぎ見て

佐々木賢治

　英国のことわざに、"Be silent and be
a philosopher"（万事黙っているに限る、そ
うすれば、世人に哲学者と思われよう）とい
うのがある。また、芭蕉翁の句に、「も
の言へば　唇寒し　秋の風」。また、
ある人の句に、「もの言うて　腹綿見
する　蛙哉」というのなどがあって、
全て言いたいことを、唇を突いて言っ
てしまうことのいかに不利益なるかを
教える点、東西その軌を一にしている。
私一個人としても、黙っていさえすれ
ば良き人として喜ばれたろうものを、
よけいなことを言ったがために、多く
のしくじりをなしたことを自覚する。
　しかるに、私はここに、以上の場合
にあてはまらざる一つの例外を、わが
故シー・ケー・ドージャー師において
見る。ドージャー先生に交遊した人の
誰もが同感であろうごとく、先生はど
んな問題でも即座に意見を下されたも
のである。そしてむしろ言葉多き側の
人であった。しかるに、どんな意見を
吐かれても、どんな鋭い反対をされて
も、先生は他の感情を害することがな
かった。ある場合、ある問題で、ある
一部の人が一時、先生に含むようなこ
とがあったろうけれども、不思議にド
ージャー先生の個人的のチャームはこ

れを雲散霧消せしめている。

　私はこれに三つの観方を下したいと思う。

　第一、先生の神に対する信仰がとても深いので神を欺くことができなかった。それとともに人をも欺くことができなかった。信仰の深さから来る直截簡明な意見が口を突いて出ても、それが信仰に根を持つ意見であるために、人間的な感情でもって、これが憎めなかったのである。

　第二、先生は対人差別を設けられなかった。英語で言うところの、"He was no respecter of persons" であった。どんなに親しい友の語でも、間違っていれば面を犯してこれを批難するし、平生、とかく疎隔している人の意見でも、そのところに真理が含まれていれば、これに全幅の賛成を惜しまなかった。すなわち真理に対する憧憬が実に熾烈であったので、他の感情を害することを意としなかった。そして真理から来る師の直言は、「マア、先生があんなことを言って！」と恨みがましいように思わしめることがあっても、すぐあとからむしろ、先生の率直を感謝するの気持ちを生ぜしめたものである。

　第三、先生は、その信仰からも来ているのだが、生まれながらの愛に富む方であった。一方において直言直行して、随分他の気持ちを悪くせられるようであっても、溢るる人情美が、それにかかわらず、その人の上に注がれ、その人の陰に陽に大きな働きをなした。ああ、先生のこの、人をひきつける力、もしかして三軍の将たらしめられたならば、多くの栄誉の勝利に導いたであろう。商売場裡に往来せられたならば第一流の実業家となられたであろう。而して先生が選ばれた神の聖言の証明者としては、すべての先生に接したる人々に、先生を通じて、神を知るに至らしめたのは、けだしもっともなことと思う。——而して先生の選ばれたこの道は、先生をして永遠に消ゆることのなき、西南学院を照す燈台とならしめた。

　私は、同志社の新島襄先生とわがドージャー先生と、人種の違いこそあれ、そこに一脈の共通点を思うものである。同志社が新島氏の没後幾十年かにわたりて、追慕の至情が深まりこそすれ、少しも緩まぬごとく、わが西南においてもドージャー氏に対して同様であろうことを信ずるものである。

（中略）

　私は、先生と交を結び始めてから、僅かに九年余りであって、決して先生を多く知るものであるということはできない。ただ、西南学院中学部を預からせていただくようになった関係上、この短い期間に比較的に多く先生に接する光栄にあずかった。そして先生の人格により信仰により、非常に多くの啓発を受けたことを感謝している一人である。

(『ドージャー院長の面影』81〜84頁)
(1926〔大正15〕年から1939〔昭和14〕年まで中学部長)

C.K.ドージャー先生の人格

河野博範
<ruby>河<rt>かわ</rt></ruby><ruby>野<rt>の</rt></ruby><ruby>博<rt>ひろ</rt></ruby><ruby>範<rt>のり</rt></ruby>

　ドージャー先生は、全く策のない方でした。策など絶対に弄することをなさらなかった方と言ったほうがよいでしょう。かげでネズミのようにこそこそ立ち働いて人をおとしいれたり、徒党をかたらって何かと策したり、そんなことは考えにも浮かばなかった方のようです。ですから学園には明朗な空気が流れていました。いつも腹の底までさらけ出しておられたとも言えましょう。それは怒りにも、悲しみにも、悩みにも、また、あの有名な笑いにも現われました。人々が先生を懐かしみ、親しみやすいと感じ、絶対の安心感を持ったのはそのためでしょう。だからといって、先生を馬鹿にしたり、軽蔑したりした人は一人もなかったと思います。

　先生はかたよらない方でした。その愛情は深く徹底していました。とことんまで愛してくださいました。一人一人をです。それでいて偏愛でなかったのです。この点、先生に対して苦情を聞いたことがありません。各人が先生の胸深く包まれていると思ったからで

しょう。はじめ西南に入学した者のほとんどは県立学校の落武者でした。中には井上精三とかすばらしい秀才もかなりおりましたが、鈍才が多かったのです。おまけに官学尊重の激しい時代です。お隣りには伝統の古い修猷、少し遅れて新興の福中と、一流の学校の間にはさまれて、しかも朝夕の通学には、ごった返しの中を他学校の生徒と一緒です。それでも私のような気の弱かったものでさえ、ひけ目を感じたり、劣等感にとらわれたり、西南の徽章と帽子をはぢてポケットにねじこんだりするような者は一人もありませんでした。これは学校で、私どもは無意識の間にほのぼのとする先生はじめ、諸先生方の愛情に包まれていたことと、もう一つは、私どもは神様相手だということを教えられていたからだと思います。私は鈍の内でも大将で、卒業生28人の内、実力ビリでしたが、私どもは入学してから一度だって、君達は、落武者だ、鈍だ、低能だなんて聞いたことも、言われたこともありません。いわんや秀才教育が本校の特色なんてことはどの先生からも聞いたことがありません。

　ある時、今は亡くなられた九大の河村幹雄博士が初めて来られた時、開口一番、「君たちは何という幸福か。私はうらやましいくらいだ」と言われた。私どもは何のことだろうと、次の先生の言葉を待っていると、「君たちが県

立や公立の学校を選ばなくて、この私立学校を選び、しかも選びに選んで、こんなボロ学校を選んだことだ」といわれた時は、全くどぎもをぬかれました。私どもはボロ学校などと思っていなかったのに、博士はたしかにそういわれた。「実は私もボロ学校を出た一人だ。学校はボロに限る」と語られ、また、西南のあるべき特色などについて語られたことを今もなおはっきり記憶している。私はそのボロ学校の中でもボロ生徒だったが、私が18歳の時、牧師になる献身の祈りを箱崎の海岸で捧げ、両親にもそのことを告げない先に、先生に申上げると、涙を流して喜んで私のために祈って下さった。お前は鈍才だから、また、手の不自由な者だからいけないともおっしゃらないで、共に神の前に喜んでいただいた。とにかく西南の中には春風のような暖かい空気が流れ、私どもはその中にあって育てられたのを一生の中で一番幸福な楽しい時だったと今も思っています。

先生は妥協のない方でした。妥協を毛虫の如く嫌われた。"Don't compromise"（妥協するな）という英語を覚えたのも一、二年の間だったろう。先生の口をよくついて出た言葉であったから。先生が策のない開放的であられたことは、先生は常に一人でおられたからだと思います。類を集めないで一人でおられ得たからだと思います。唯一人の座を、イエス様の前にもっておられたからだ

と思います。技巧的に人を引きつけないで、人が自然に先生のまわりにつく秘義はそこにあったと思います。それで先生とイエス様の世界に関するとなると、他に何人もまた何事も近づき得なかったのです。また、先生も断じて情実とか縁故などでごまかしをなさいませんでした。中学の先生が一度、佐倉宗五郎と十字架は同じだとチャペルで語られたとき、先生の反発は怒りとなって爆発したことを思い出します。西南でまた問題の中心となったのは、運動と安息日の問題です。先生はついに院長の席を捨てても自分の信仰を妨げることをなさいませんでした。また、創立当時お金がなくて困っておられる時、幾度も寝ず、院長室で神に助けを祈られる先生ではありましたが、当時県視学のK氏が県からいくらか補助金を出してあげましょうと、との全くの好意から、また親切から差出された友好の手を、すげなく拒絶された先生でもありました。でも、この線にふれない限りでは、先生はたとい御自分でいやでも、学校のためなら妥協されたのです。大正天皇御西下の時、始めは絶対に奉迎に行かない、おじぎをするのは皇帝崇拝になるからと言われたのでしたが、それが西南のためにならぬこと、また信仰に関係がないことがわかると、あの山高帽でお迎えに出られたのです。

色々と書き出せばきりがないのです。

IV 資料 193

しかし先生の人格は「信仰」とただ一言に尽きると思います。信仰は生活でした。生活は宗教でした。それも極めて単純な、しかし、はっきりした信仰でした。こ難しいことは一切言われなかった。近世になってパウロ神学がとり上げられて、キリスト教はパウロかイエスかとまで論ぜられました。しかし、パウロはイエスと並行する何ものでもなく、パウロはイエスに囚えられた存在、イエスに出会ったパウロにすぎませんでした。パウロの信仰も極めて単純、十字架のイエス今なお生く、ということでした。

　先生の信仰の土台に立てられた西南が、早や35年の年をとりました。西南にかつての日の明朗さと、ピチピチ生きた信仰が流れているでしょうか。これから何十年何百年先の西南があるとすれば、私は創設者ドージャー先生の生きた信仰が、今もこれからも生きており、また生きて行くかどうかにあるのではないかと思います。

（『西南学院創立35周年記念誌』1951〔昭和26〕年、5頁）

（高等学部第1回卒業生、西南学院大学短期大学部教授、同大学教授）

思い出のドージャー先生

堀　岩平
（ほり　いわへい）

大爆笑の英語授業

　先生からは、在学中教室で教わったのは一ケ年半位なものであった。それも一週一時間通訳を教えて下さっただけだから、教室においての先生をあまり多く知らないと言ってしまえばそれだけかも知れないが、私達にとってはその一週一時間の通訳がとても愉快でならなかった。一週三時間もあるミセス・ドージャーのグラマーやレトリックにはずいぶん閉口させられたが？先生が教室に来られると、私達は急に浮き立ったような気持にならされた。そしてその時間中は始終晴れ晴れしい気持ちで（別に居眠りする人もなく）時間の過ぐるのが惜しまれる程だった。事実この通訳の時間ばかりは、文科三年、四年頃の一週間一度のイキヌキだった。この時間ではクラス一同の者を聴衆として順番に当った人が一人一人壇上の先生の側に立って、先生の英語演説の通訳をさせられたものだった。聴衆の一人として自分の席でクラスメイトが鍛われているのを見ていると、あんな簡単なのがどうして即座に通訳できないかと思ってオカシクなる。でも自身がそのところに立ってやらされる段になると、多くもない聴衆の前でボーツ

となってとんでもない失錯ばかりやる。先生の演説の内容が面白いものであったからばかりではない、我々のミステークのしかたが皆振るってるからでもあった。

その頃のある時間に、私は壇上に先生と共に立っていた。私は夢中になって先生の唇から発せられる演説を聞き落とすまいとして汗だくの姿であった。そして適当と思われる日本語に通訳していく。先生の演説はだんだん早くなる。そして一発にずいぶん長い文章を連ねられる。何でもその時は日本に来た最初の宣教師達の事について語っておられた事だけを覚えている。だんだん話が進んでいくその中に、その長く早い英語演説の中に先生は、"They took their wives ——" とおっしゃった。私はそれを聞いて最初おかしいなーと思った。なぜなら初代の宣教師ばかりでなく、今だって宣教師の方々は奥さんを連れて一緒に来られるのだから……。でも、これもまた先生のジョークが出たんだと思って、とっさの場合に「彼らは奥さんを連れて来たのであります」と片付けてしまった。すると壇上の先生は風船球の破裂するごとき爆笑である。クラス一同の者も一人残らずいかにも痛快おくあたわずという状態で手を打って大笑いしている。さらに先生はと再び目を移すと、いかにも込み上げて来るおかしさと痛快さに、教壇をあっちこっちにかけまわりなが

ら顔を真っ赤にして笑いこけておられる。私は何が一同をかくあらしめたのかちっとも理由がわからない。でも私だけがキョトンとしていのも調子が悪いと思って私も笑った。やがて笑いの嵐もようやくに静まって涙をふきながら先生は私に尋ねられる。"Did I say so?" "Yes, you did say so!" 私の答は力強い。"Now listen to me again," と言うわけでよくよく聞くと、"They took their lives" だったので、「命がけ」は飛んでもない所まで行ったものだ。私はそうとわかって初めておかしくなったものだ。それはちょうど先生が7月中旬になったら家族一同休暇で帰米なさるという一、二週間前のことだったので、先生は大変喜んでくださった。日本人が英語の聞き間違いするのはこんな所だと言って、米国への土産話がひとつできたとおっしゃって。

この事件はその後我々が文科を卒業後、クラス会をする毎に我々の楽しかったカレッジライフの思い出話のひとつとなっている。先生もアメリカへの土産話になさったことだろう。そして数年後、先生の御召天なさる約半年前となって、米国にて大学と神学校を卒業なさった先生の御子息は、先生の意志を継いで日本教化のため身を献げつつ奥さんを連れて来られた。誠に先生家族一同の喜びはもとより、我々一同にも大いなる喜びである。

IV　資　料　195

一度だけの怒られた思い出

　こうした楽しい教室での先生のほかに、私はこのやさしい先生から一度だけ怒られた経験がある。それは文科三年の春の事だった。例年の催しのごとく新入生歓迎のため、一日の行楽を全学生玄海島にした翌日のことである。前日の行楽に疲れを覚えた私たち文科のクラスは、午前中の課業だけで午後に一時間課業が残ってるのに、皆一人も残らず教務の方には無断で帰ったものだった。

　その翌日、始業前私は先生に会ったので、また晴れやかな気持ちで笑顔を見せてくださることを予想しながら朝の挨拶をした。しかし、なぜかその朝に限り先生の顔が不愉快げで微笑まれない。私の楽しい予想は裏切られた、私はなぜかしら今までに一度もないことだと思って一人淋しい気持ちでいると、それまで一言もおっしゃらなかった先生が「昨日はなぜ帰りました？」。

私はもうすっかり忘れた昨日の事がハッと思い出された。そして何かしらドキッと胸打たれたような気がした。「すっかり疲れておりましたので……」私はとっさの場合こう答えた。この答は私にとっては立派な理由であり、正直な告白である。「そんな疲れたからと言うようなことが理由になりますか」先生の言葉は強かった、鋭かった。私はもう二の句がつけなかった、無条件で頭を垂れるよりほかはなかった。

　先生から怒られたのは長い学院生活でこれがただ一度であった。なる程後で考えてみると私どもが皆悪かったと悔いられた。教室では本当に朗らかに我々と学ぶ先生が、理由なき怠惰に対しては赦されなかった。今にして思い返せば、怒られたことも懐かしい思い出であり、また感謝である。
（『ドージヤー院長の面影』155-158頁、抜粋）
（高等学部第6回卒業生、牧師〔日本とアメリカの教会で活動〕）

ドージャー夫妻関係年譜

(＊ゴシック体は関連事項)

年	月 日	事　　項	年齢
1879 (明治12) 年	1月1日	米国ジョージア州ラ・グランジュに生まれる（J.H.ドージャーとエラ・ノラの三男）。	0
1881 (明治14) 年	9月18日	モード・アデリア・バーク、ノースカロライナ州ステーツヴィルに生まれる（H.バークとアデリアの一人娘）。	2
1892 (明治25) 年	4月	13歳の時、イエス・キリストを信じ、全霊をキリストに捧げんと決心し、ゲインズヴィルの第一バプテスト教会会員となる。	
1894 (明治27) 年		J.W.マッコーラムが門司に清滝学園を開設。	
1899 (明治32) 年	8月20日	説教者の資格を与えられる。	20
	秋	マーサー大学に入学。	
1903 (明治36) 年	5月	マーサー大学を卒業。マスター・オブ・アーツの称号を受ける。	24
	秋	サザン・バプテスト神学校に入学。モード・バークと出会う。	
	10月	J.W.マッコーラムが神学を自宅で教授。	
1904 (明治37) 年	6月5日	按手礼を受ける。	25
1905 (明治38) 年		学生ボランティア大会で、J.W.マッコーラムとC.T.ウィリングハムから、日本伝道への参加を強く要請される。	26
1906 (明治39) 年		学生国際宣教大会の席上、C.T.ウィリングハムから再度日本行きをすすめられる。C.K.ドージャーとモード・バークは、ついに日本行きを決意する。	27
	4月14日	日本宣教師に任命される。	

Ⅳ　資料　　197

1906 (明治39) 年	5月	サザン・バプテスト神学校を卒業。Th.M. の称号を受ける。	
	6月6日	モード・バークと結婚。	
	9月4日	C．K．ドージャー、J．H．ロウ、G．W．ボールデンの3家族、S.S. Korea で日本に向け出帆。	
	9月27日	長崎着。	
	10月	ドージャー、ロウ、ボールデン3家族、福岡市大名町96番地に居住。	
	12月11日	3宣教師「在日本サヲゾルン・バプチスト宣教師社団」に入社。	
1907 (明治40) 年	1月	日本人説教者養成の必要をミッション・ボードに要請。	28
	10月9日	福岡バプテスト神学校教師となる（ギリシア語および新約聖書担当）。	
	10月17日	福岡バプテスト神学校の開校式が行われる。	
	12月	佐世保市清水町9番地に居住、佐世保伝道。	
1908 (明治41) 年	4月16日	エドウィン・バーク・ドージャー、出島にて誕生。	29
	11月	下関市関後地村字中島1334番の2に居住。	
1909 (明治42) 年	末現在	福岡市東職人町7番地に居住。	30
1910 (明治43) 年	1月1日	長崎のミッション会議にて、「福岡に男子の学校を設けること」をミッション・ボードに要請決議。開設をめぐる日米書簡の往復が始まる。	31
	6月10日	ヘレン・アデリア誕生。	
	末現在	福岡市西職人町68番地に居住。	
1911 (明治44) 年	2月	福岡バプテスト夜学校の校長となる。	32
	末現在	福岡市養巴町47番地に居住。	
1912 (明治45) 年		ジャドソン宣教100年記念募金運動が始まる。	33
	7月	休暇帰国。	

1913（大正 2 ）年	8月7日	『ジャドソン伝』が出版される。	34
	10月9日	休暇が終わり、日本に帰る。	
1914（大正 3 ）年	6月24〜25日	米国バプテスト外国伝道協会100年祭。	35
	12月19日	1915年からの学校開設許可が下りる。	
1915（大正 4 ）年	末現在	福岡市大名町105番地に居住。	36
1916（大正 5 ）年	4 月	西南学院を創立、主事となる。初代院長は條猪之彦。	37
1917（大正 6 ）年	2 月	西南学院第 2 代院長となる。	38
	11月	福岡バプテスト夜学校廃止、校長辞任。	
	末現在	福岡市荒戸町257番地に居住。	
1918（大正 7 ）年	1 月	西南学院、西新町に移転。東校舎・雨天体操場完成。	39
1919（大正 8 ）年	4 月14日	西校舎完成。	40
1921（大正10）年	2 月17日	私立西南学院財団設立が認可される。	42
	〃	高等学部（ 4 年制）開設が認可される。	
	3 月	大講堂完成。	
	4 月	院長住宅、西新構内に完成。	
	8 月	休暇帰国。	
1922（大正11）年	4 月10日	高等学部新校舎完成。	43
	9 月 4 日	休暇が終わり、日本に帰る。	
	12月 2 日	西南学院バプテスト教会牧師を兼任。	
1923（大正12）年	2 月25日	『西南』第 4 号に「自由の精神を知れ」を発表。	44
	11月11日	西南学院バプテスト教会牧師を辞任。	
1925（大正14）年	1 月 1 日	西南学院バプテスト教会牧師を再任。	46
1926（大正15）年	8 月15日	〃 を辞任。	47
1927（昭和 2 ）年	2 月	高等学部内に、「日曜日問題」が次第に表面化してくる。	48
1928（昭和 3 ）年	2 月10日	高等学部内にストライキがおこる。	49
1929（昭和 4 ）年	7 月10日	西南学院長を辞任。休暇帰国。	
	8 月24日	G．W．ボールデン、院長事務取扱となる。	50
1930（昭和 5 ）年	4 月 1 日	武道場竣工。	
	9 月	休暇が終わり、日本に帰る。	

IV 資 料 199

	9月	下関市に移る。	
	12月18日	運動場拡張。	
	12月20日	G.W.ボールデン、西南学院第3代院長となる。	
1931（昭和6）年	10月	小倉市西南女学院内に居住。西南女学院理事となる。北九州地方の伝道に従事。	52
1932（昭和7）年	3月3日	G.W.ボールデン、院長の辞表提出。	53
	6月	院長留任運動のためストライキがおこる。	
	7月10日	G.W.ボールデン、院長辞任。	
1933（昭和8）年	5月31日	小倉市西南女学院の自宅において永眠。	54
	6月2日	同学院講堂にて告別式を挙げ、同構内に墓地を設置して埋葬。	
1934（昭和9）年	6月20日	『ドージャー院長の面影』発行される。	

（以下は、M.B.ドージャーとその後の西南学院について）

1939（昭和14）年	9月9日	「基督教教育指導者に参考となる思想」を発表。	
1940（昭和15）年	4月5日	地行東町の西南神学院あとに、西南保姆学院を開設。	
	4月	公認試合のみ、日曜日に試合可能となる（文部省通達）。	
1941（昭和16）年	4月7日	日本を引き揚げる。	
	6月28日	西南保姆学院、鳥飼校舎献堂式。	
1944（昭和19）年	4月1日	同校、福岡保育専攻学校と改称。	
1950（昭和25）年	4月1日	同校、西南学院大学短期大学部児童教育科となる。	
1951（昭和26）年	4月	宣教師引退後に再来日。	
1953（昭和28）年		"Charles Kelsey Dozier of Japan. A Builder of Schools"をBroadman Pressから出版。	
1961（昭和36）年	11月3日	西日本文化賞を受賞する。	
1964（昭和39）年	12月	病気療養のため帰米。	
1972（昭和47）年	1月13日	テキサス州バプテスト・メモリアル・センターにて逝去。	
	3月20日	西南女学院構内に埋葬される。	

1974（昭和49）年	4月1日	短期大学部児童教育科が大学文学部児童教育学科に発展的に解消。
1979（昭和54）年	5月11日	C.K.ドージャー生誕100年を記念して、『西南学院の創立者　C.K.ドージャーの生涯』を発行。
1986（昭和61）年	10月7日	西南学院創立70周年を記念してテレビ番組『愛と剣と──C.K.ドージャーの生涯』をRKB毎日放送と共同で製作し、テレビで放映。
	12月24日	同テレビ番組『愛と剣と』をリメイクし、『荒野に呼ばわる者』として再放送。
1996（平成8）年	5月1日	西南学院創立80周年を記念し、『SEINAN SPIRIT ── C.K.ドージャー夫妻の生涯』を発行。
2008（平成20）年	5月15日	C.K.ドージャーら、南部バプテストの宣教師の功績を顕彰して「宣教師記念碑」を建立。
2014（平成26）年	3月	改訂版『西南学院の創立者　C.K.ドージャーの生涯』を発行。
2016（平成28）年	5月	西南学院創立100周年を迎える。

『西南学院の創立者
C.K.ドージャーの生涯』
（初版、1979年発行）

『SEINAN SPIRIT ──
C.K.ドージャー夫妻
の生涯』（1996年発行）

『西南学院の創立者
C.K.ドージャーの生涯』
（改訂版、2014年発行）

＊『SEINAN SPIRIT ──Ｃ．Ｋ．ドージャー夫妻の生涯』（1996年刊）の「発刊に
あたって」と編集後記を資料として再掲します。

発刊にあたって

西南学院院長　　L.K.シィート

　西南学院の創立80周年を迎えるにあたって、創立者ドージャー先生の
生誕100周年を記念して1979年に発行された冊子『C.K.ドージャーの生
涯』に基づき、今回『SEINAN SPIRIT ──C.K.ドージャー夫妻の生涯』
を発刊するに至りましたことを大変嬉しく思います。

　さて、なぜ117年前に生まれたドージャー先生のことを、今日改めて考
える意義があるのでしょう。また、80年前に創立された西南学院が、今
日、創立者ドージャー先生夫妻の生涯を再度考察することにどういう意
味があるのでしょうか。

　今年の2月、私は初めてジョージア州ラ・グランジュへ赴き、ドー
ジャー先生の故郷を訪ねることができました。ラ・グランジュはジョー
ジア州の西境界線のすぐ近く、南部の中心都市であるアラバマ州モント
ゴメリー市から100マイル程離れた小さな町です。（ドージャー先生がそ
こで生まれる18年前、モントゴメリー市は南部連邦の首都になっていま
す。）ラ・グランジュの街に立った時、その合衆国の深南部地方でドー
ジャー先生が全知全能なる神の召命を感じて献身したこと、また、先生
が主のお導きにより、日本への宣教師として来日し、その10年ほど後に
この西南学院の創立者になったことを思い起こし、ドージャー先生の残
された業績の素晴らしさに改めて深い感慨を覚えました。

　ドージャー夫妻が主イエス・キリストに忠実に従ったからこそ西南学
院という大きな遺産を残すことができたのであると思われます。この小
伝を読むことによって、私たちも主に従うことの重要性を実感し、かつ
西南学院がこれからもキリストに忠実であるべきことを再認識しようで
はありませんか。

編集後記　西南学院の創立者C. K. ドージャーに関する和文の出版物としては、1934（昭和9）年に追悼集『ドージャー院長の面影』が発行され、1979（昭和54）年には生誕100年を記念して小冊子『C. K. ドージャーの生涯』が発行されています。前者は、ドージャー院長の思い出の記を中心に編集された冊子であり、後者はドージャーの生涯をストーリーとしてまとめた冊子となっています。

　この度、西南学院が創立80周年を迎えるにあたり、前記の2冊の内容を再編集すると共に、先生没後のドージャー夫人の宣教の生涯を併せて一巻として発行することになりました。編集に際しては、夫妻の日記や手紙などを多く引用するとともに、夫妻を知る人たちの「思い出」も織り込みながら、夫妻の人間味を引き出すよう配慮しました。また、これまで、あまり公表されていなかった写真も付け加えました。

　「神に忠実であること」が父ドージャーの生涯を貫く中心的思想、精神であったと、長男のE. B. ドージャーは書き残しています。そして、それはとりもなおさず西南学院の継承さるべき精神（SPIRIT）であると言えます。そういうことから、この本のタイトルを『SEINAN SPIRIT』としました。

　なお、本誌の「遺文」「思い出の記」で引用されている聖書の言葉は、原文では文語体のものが多かったのですが、中学生や高校生にも容易に理解できるように配慮し、全て新共同訳聖書の表記で統一させていただきました。

　最後に、本書の出版に際しては、田中輝雄前院長およびL. K. シィート現院長はじめ理事会の積極的な理解と指導を受けたこと、また歴史資料の監修と編集についてはとくに理事村上寅次氏の熱心な協力を受けたことを記しておきます。

　この本が、西南学院の建学の精神をあらためて見つめ直すきっかけになればと願ってやみません。　　　　　責任編集　高松千博（広報・調査課）

Ⅳ　資　料　│　203

編 集 後 記

　百年史編纂委員会は、学院創立100周年に向けて、年史編纂と共に創立者C.K.ドージャーに関する出版物の企画・刊行を行ってきた。このたび、第一弾（『C.K.ドージャーの生涯』2014年）に続き、『Dozier──西南学院の創立者C.K.ドージャー夫妻の生涯』をお届けできる運びとなった。本書は、『SEINAN SPIRIT──C.K.ドージャー夫妻の生涯』（1996年、124頁）とM.B.ドージャー著、瀬戸毅義訳『日本のC.K.ドージャー──西南の創立者』（2002年、71頁）の合本で、この機会に両書を丁寧に読み直し、必要な訂正を加え、新たな資料を補って再編集を行った復刻改訂版である。担当部署は、他の関連業務に勤しむ中、常に細心の注意を払い、ここまで仕事を進めて下さった。

　本書は、青年期のエピソード、家族の絆、日記や書簡に綴られた心情の吐露、学院関係者諸氏による回想を通して、第一弾よりも更に親しく素顔のドージャー夫妻に触れることができる内容になっている。中でもC.K.ドージャーの講話や寄稿文は圧巻で、学生への愛情は言うまでもなく、学院に寄せる期待と建学のスピリットで満ち満ちている。それは、創立100年を経て今日なお色褪せず、むしろ瑞々しい響きさえ携えて、次の100年に向かう私たちに語りかけるかのようである。

　西南学院は、大きな産みの苦しみの後、万端の備えが整わないままに出帆せざるを得なかった。その上、図らずも第2代院長となったドージャーには、学校運営に関する知識も経験も不足していた。来日10年目のことである。特に学院の経済はドージャーの心痛の種であり続けたが、それによって創立者としての壮大な理想と志が後退することはなかった。「西南学院を日本における第一級の学校にしたい」というそれである。「西南の目的は、大きな学校ではなく、よい学校を作ることです」を口癖に、規模や数字では計りきれない「質」において最善の学校となること。知識の教授に止まらず、他者の幸福を求めて働く気高い志を呼び起こす教育を目指すこと。そこにおいて同窓生・教職員が誇りうる学校となること。その達成にこそ、学院全体が一致協力すること。本書には、この決意と熱意が随所に散りばめられている。『日

204

本のC.K.ドージャー──西南の創立者』をはじめとする妻モード・バーク・ドージャーの著書は、そのドージャーの生涯を補って余りある。

　創立100周年を迎えるこの年、学院を取り巻く諸状況は厳しさを増し、困難な舵取りが求められている。そこにおいて本書が、渇きを潤す活ける水の泉、混沌の霧を払う清涼な一服の風となれるならば、これに勝る私ども委員会の喜びはない。

　最後に、次の言葉をもって「あとがき」を閉じさせて頂く。

　　私どもは学院の理想にまだまだ遠いものでありますけれども、私ども
　が倒れないならば、成功の冠は私どもの努力の上にかんせられるだろう
　と信じているものでございます。私どもはこんな理想が実現されて、よ
　り高き理想が立てられるまでは満足されないのであります。

　　　　　　（C.K.ドージャー、1926〔昭和１〕年、『西南学院と過去と現在』より）

　　今日の受賞にあたって、私がただひとつ残念なことは、日本のために
　捧げる生命をひとつしか持たないことです。

　　　　　　（M.B.ドージャー、1961〔昭和36〕年11月３日、西日本文
　　　　　　化賞［社会文化賞］受賞日の『西日本新聞』夕刊記事より）

　　　　　　　　　　西南学院百年史編纂委員会委員長　　金丸英子

1935（昭和10）年制定の中学部校旗。西南学院の校章は、創立時にケルシィによって考案されたもので、今に受け継がれている

装丁：design POOL

Dozier ［ドージャー］
西南学院の創立者 C.K.ドージャー夫妻の生涯

2016 年 5 月 15 日　第 1 刷発行

企画・編集　西南学院百年史編纂委員会

発　　　行　学校法人 西南学院
　　　　　　〒 814-8511　福岡市早良区西新 6-2-92
　　　　　　電話 092（823）3920　FAX 092（823）3184

制作・発売　合同会社 花乱社
　　　　　　〒 810-0073　福岡市中央区舞鶴 1-6-13-405
　　　　　　電話 092（781）7550　FAX 092（781）7555

印刷・製本　大村印刷株式会社
ISBN978-4-905327-57-8